プロレスカメラマンが撮った

レジェンド

80～90年代 外国人レスラーの素顔

元『週刊ゴング』カメラマン
大川昇

彩図社

NAGASE

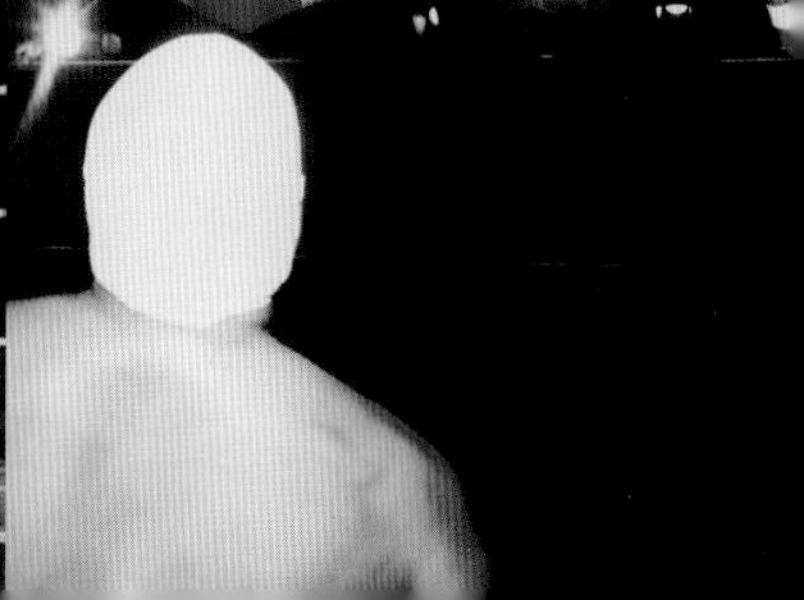

XVI

FUNK

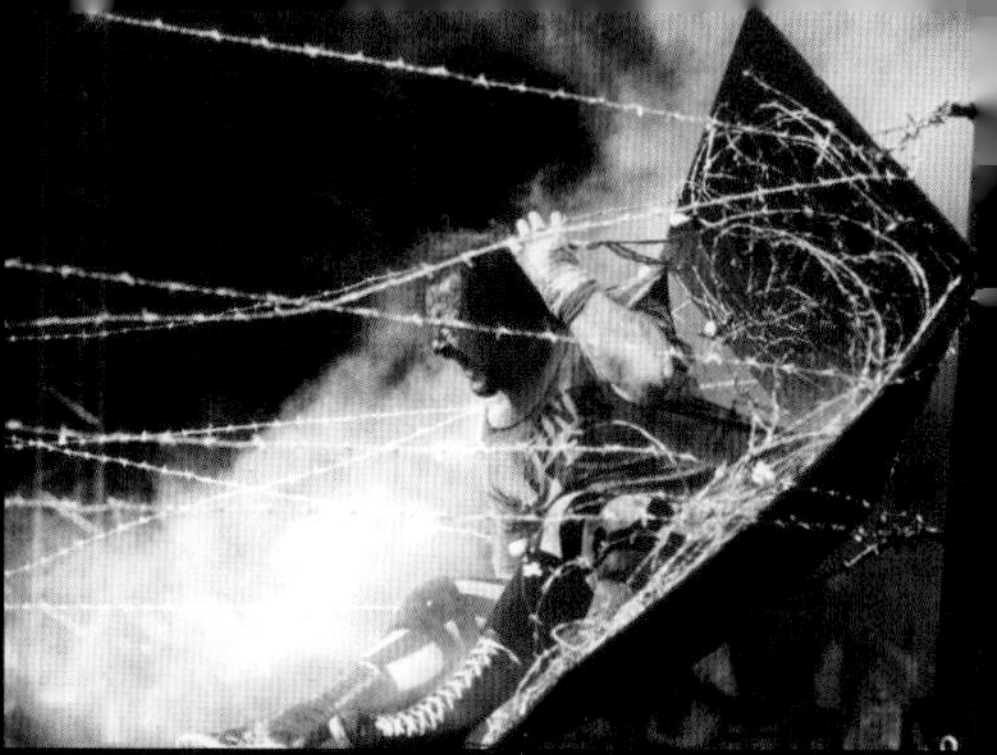

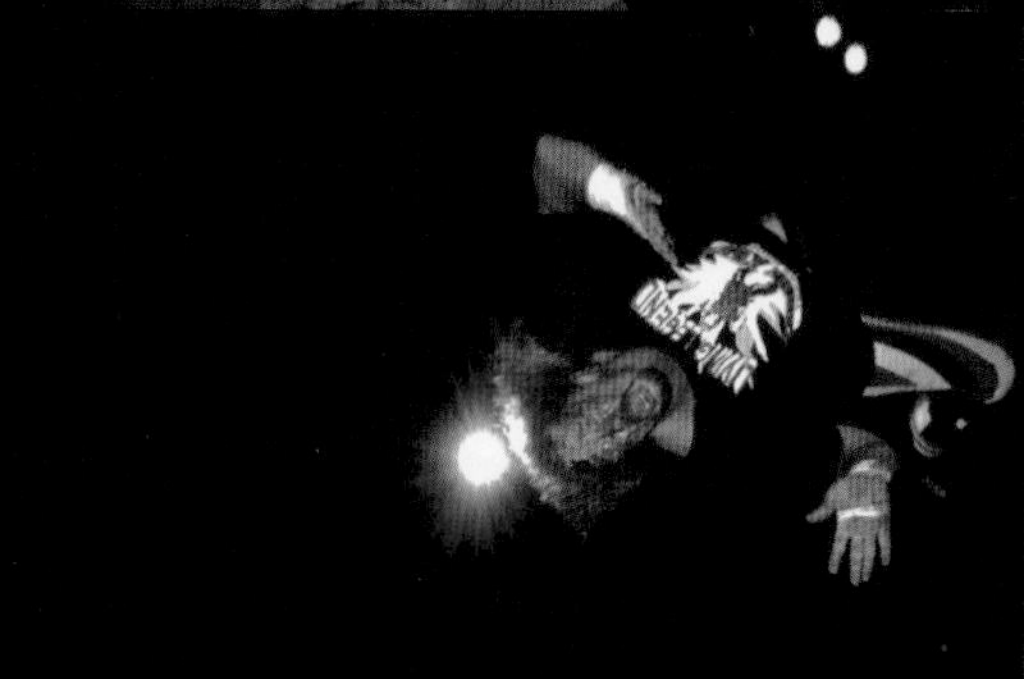

AWESOME

TEXAS BRONCO

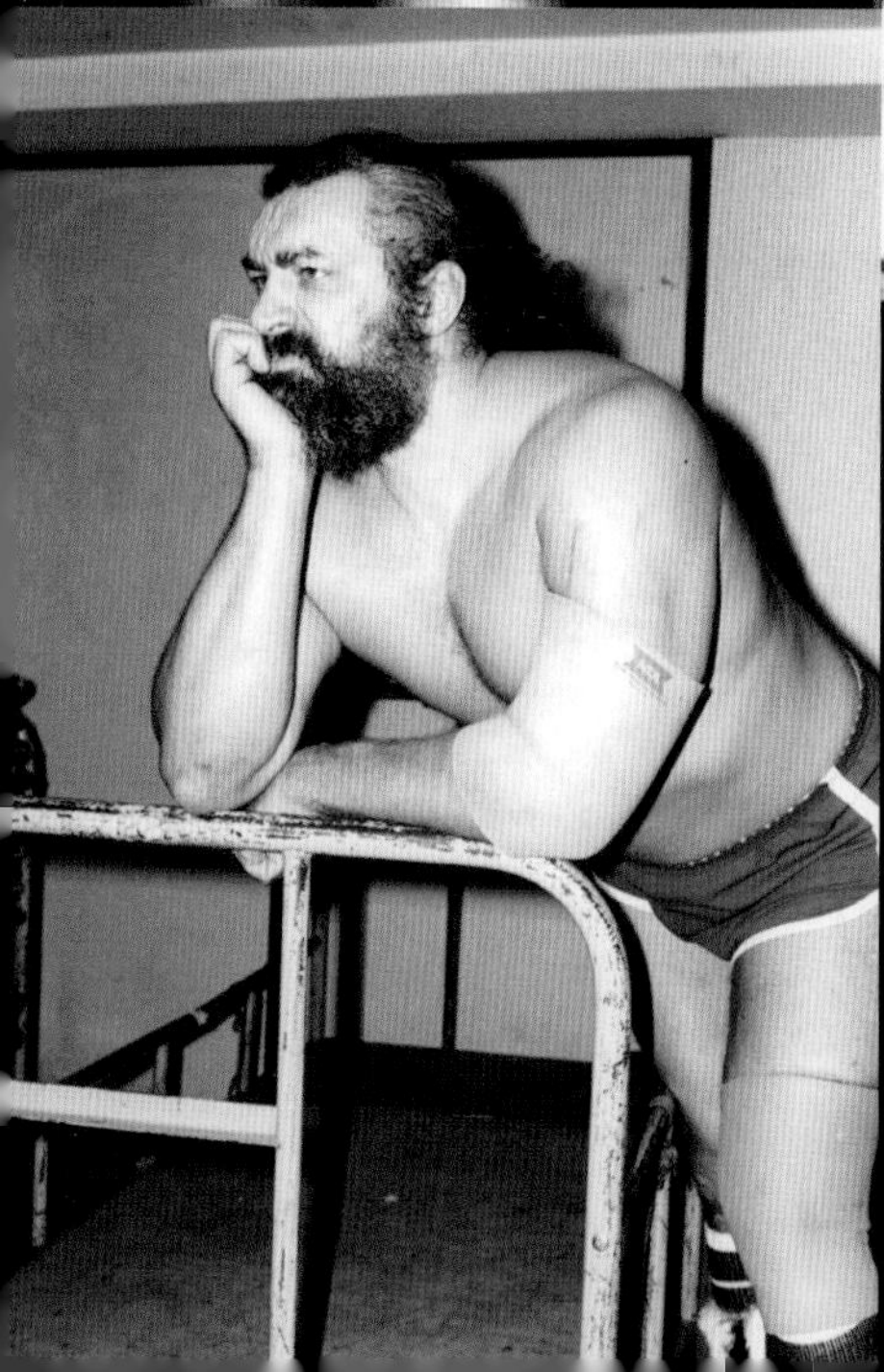

記念写真コレクション

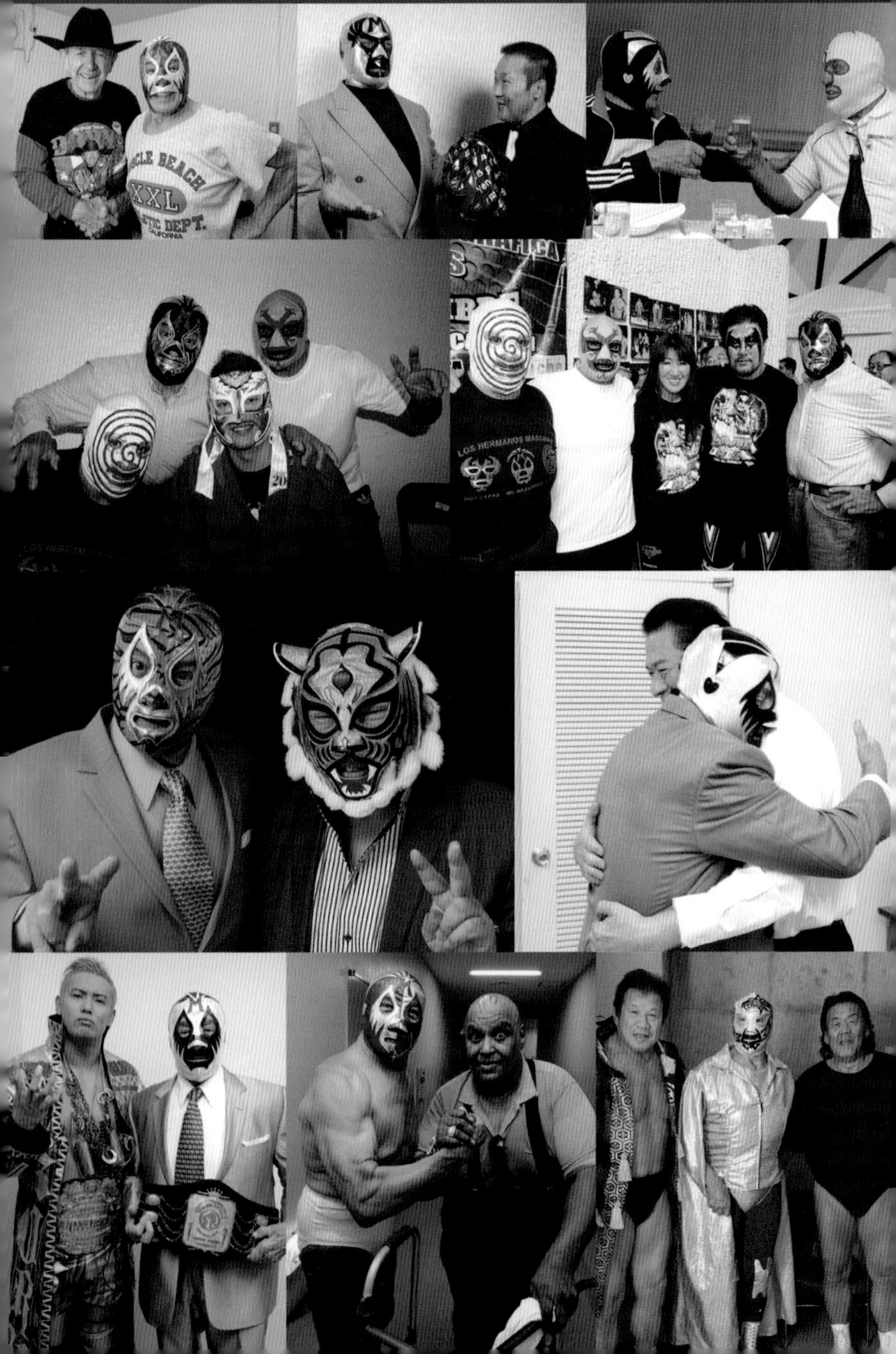

サイン入り生写真コレクション

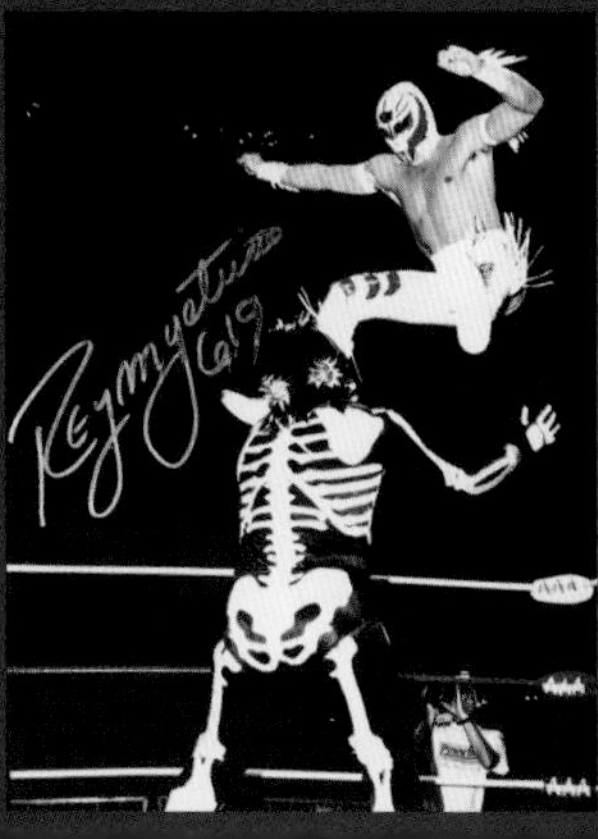

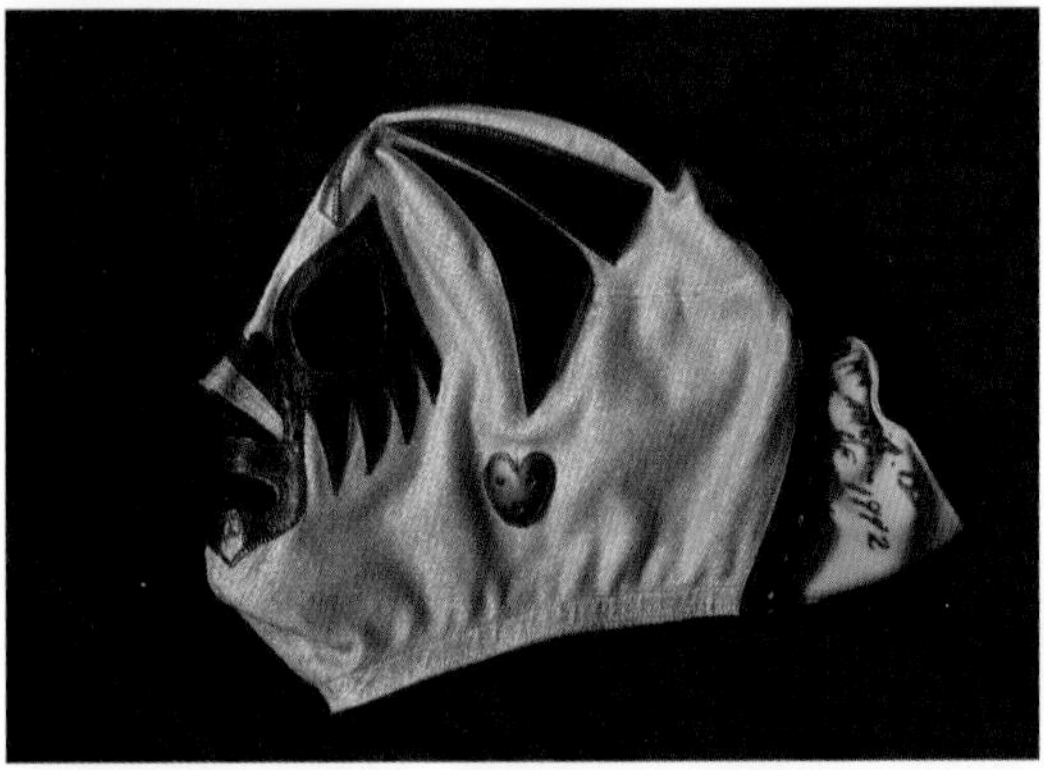

ミル・マスカラス、初めてご自宅で頂いたマスク

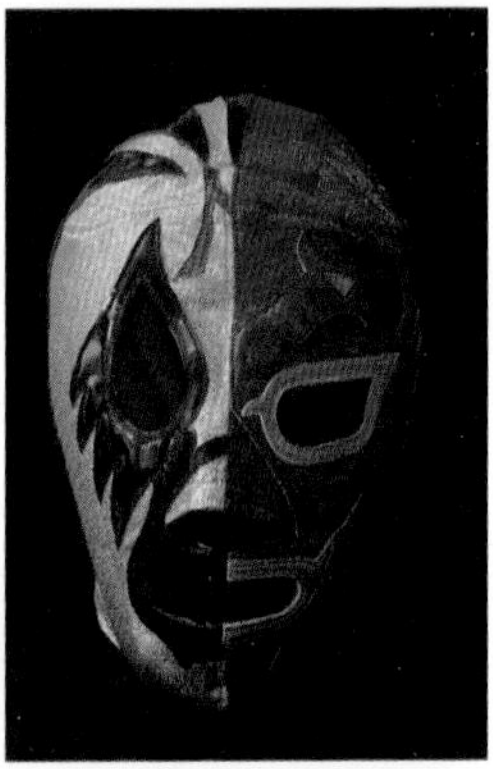

兄弟ハーフマスク

「龍虎」モデルセット

G マシン＆ S マシン

パトリオット

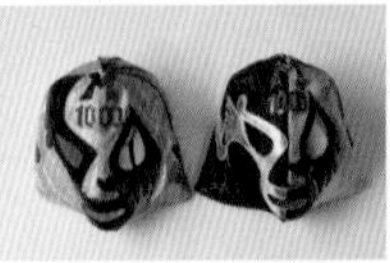

週刊ゴング 1000 号記念マスク

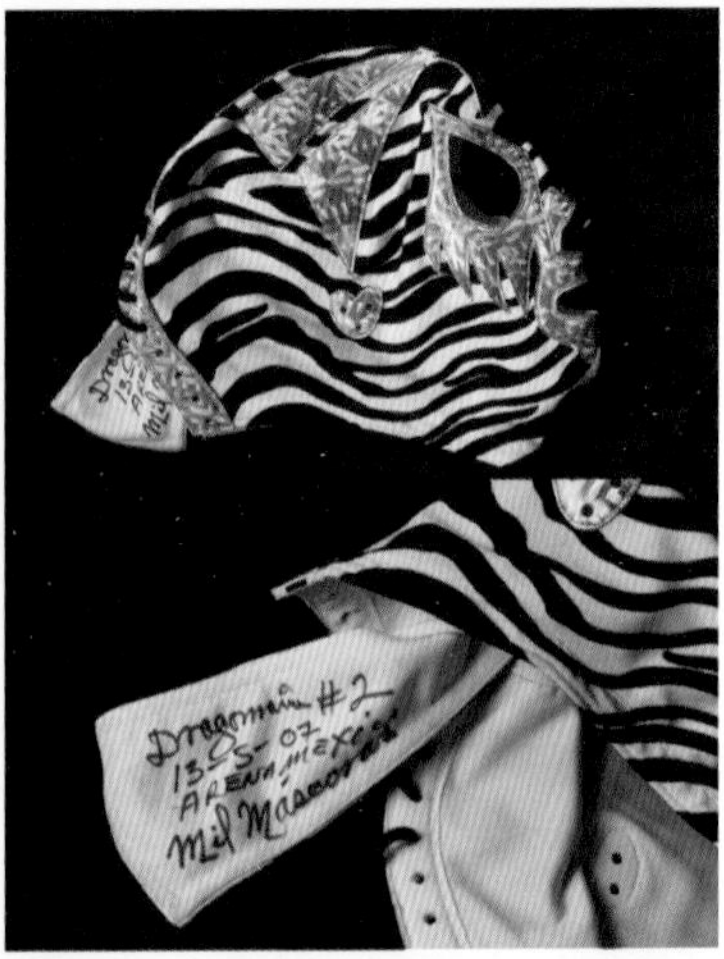

2007 年 Dragomania2 使用済ミル・マスカラス

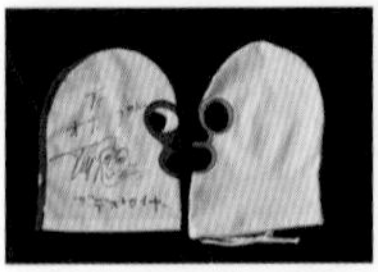

ザ・デストロイヤー

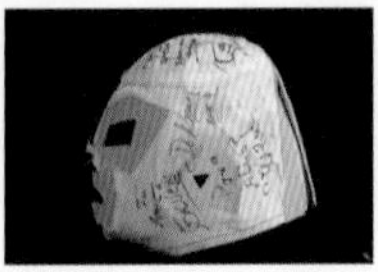

ドクトル・ワグナー Jr

マスカラ・マヒカ

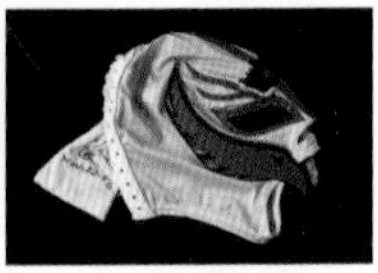

レイ・ミステリオ Jr

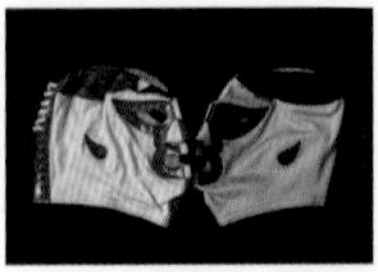

ピエロー Jr

ボラドール・ミステリオッソ

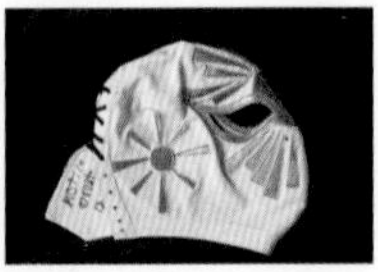

ミスティコ

ドラゴン・リー

プロレスグッズコレクション

全日本プロレスのチケット半券、右下が初めての後楽園最前列

闘魂、飛龍、仮面貴族サイン入りパンフ

キャラプロ製フィギュア Ver.3　　バブルヘッドフィギュア

レッスルマニア 28
の VIP セット

全日武道館使用バンダナ & T シャツ
& サイン入りTシャツ

LA で頂いたバンダナ &
サイン入りフィギュア

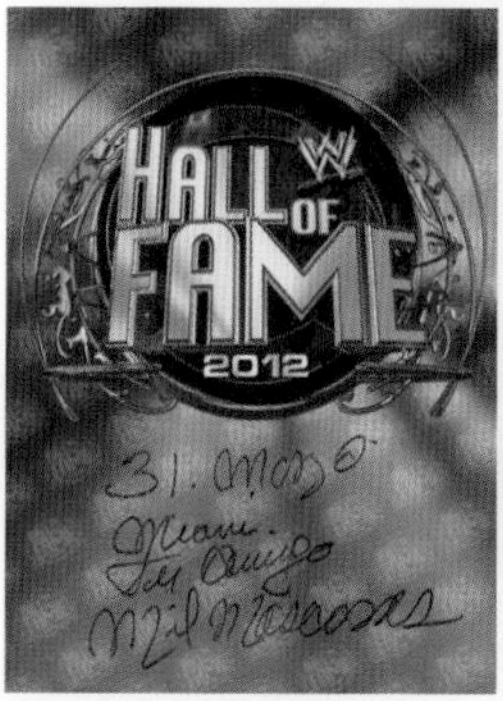

サイン入 HALL OF FAME パンフレット

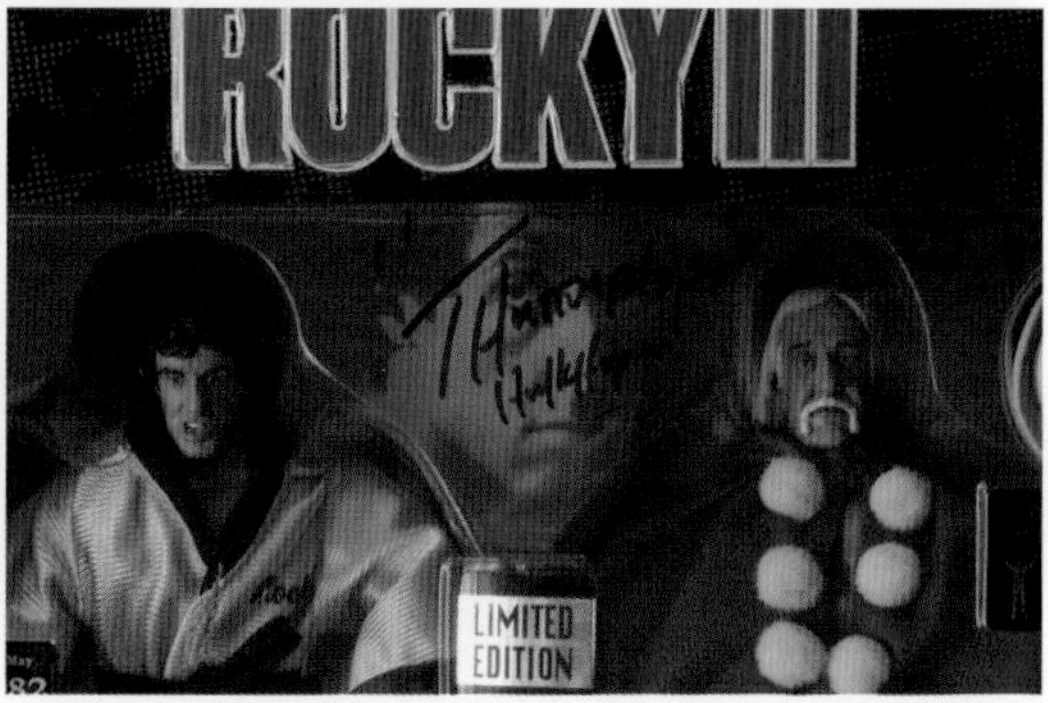

サンダー・リップス & ハルク・ホーガン W サイン入り

レジェンド

プロレスカメラマンが撮った
80～90年代外国人レスラーの素顔

大川昇

彩図社

はじめに

スーパーカー、鉄道、野球、アイドル……。

子どもの頃から、僕は色々なものに夢中になったきたが、一貫して興味が変わらないものがある。

それがプロレスだ。小学生の時に、テレビの中継で初めて観て以来、僕の中でプロレスはずっと特別なものであり続けてきた。とくに惹かれたのが、リングの上で圧倒的な存在感を放つ外国人レスラーだった。

高貴な香りをまとっていた、ミル・マスカラス。

闘志剥き出しのファイトスタイルと笑顔にしびれた、テリー・ファンク。

怖くて近づけなかった、タイガー・ジェット・シン。

孤高の存在に見えた、ブルーザー・ブロディ。

それら外国人レスラーの写真をとにかくカッコよく撮りたくて、僕はカメラを携えて、会場に通った。中学生になると、撮った写真を当時流行っていた写真投稿誌に送った。僕はやがてプロのプロレス・カメラマンを目指すようになり、奇跡的な縁があって『週刊ファイト』編集部に雇ってもらえることになった。その時、僕は20歳。その3年後『週刊ゴング』に移籍したり、フリーランスになったりと紆余曲折あったが、以来、僕は35年近くもプロとしてプロレスを撮り続けてきた。

本書はそんな僕のカメラマン人生の中で、特に思い入れのある外国人選手の写真をまとめ、その写真に関するエピソードを紹介するとともに、僕自身の人生も振り返らせていただいた。

本書は6つの章に分かれている。

第一章では、僕の永遠のアイドルのひとり、ミル・マスカラス。第二章では、もうひとりのアイドルであるテリー・ファンクを扱った。第三章からはひとり当たりの分量は少なめに、全日本プロレス（第三章）、新日本プロレス（第四章）、来日経験のあるアメリカンプロレスのレジェンド（第五章）、メキシコのルチャドール（第六章）を紹介している。

本書の写真の多くは僕がプロになって撮影したものだが、一部はファン時代に撮った懐かしい写真も掲載している。また、活躍したのは2000年代以降だが、特に思入れのある選手も数名取り上げている。

子どもたちがリングに釘付けになった、1980年から90年代にかけてのプロレス黄金時代。本書が読者の皆さまの中に眠る、輝かしい記憶を呼び覚ますきっかけになれば幸いです。

『レジェンド　プロレスカメラマンが撮った80～90年代外国人レスラーの素顔』目次

【第一章】憧れの〝仮面貴族〟ミル・マスカラス

レスラーからもらった初めてのサイン

たまたま好きなプロレスラーからサインをもらえた。偶然、一緒に写真を撮ってもらった。こうした出来事は、ファンにとって好きな選手との〝縁〟を持つことができた重要な瞬間だ。その縁があった瞬間によくしてもらえばもらうほど、その選手はファンの中で特別な存在になっていく。そういう意味でいうと、僕にとってミル・マスカラスとテリー・ファンクは二大スターだ。

僕が初めてマスカラスさんと〝縁〟を持ったのは、ファンの時代だった。当時、僕は小学5年生で、後楽園球場に野球を観にきていた。その帰り、後楽園ホールの裏を通りかかった時、試合を終えたマスカラスさんに遭遇したのだ。

この日に試合があったことも知らない。本当に偶然の遭遇。運がいいことに、僕は野球選手のサインをもらうために色紙とペンを持っていた。マスカラスさんはたくさんの出待ちのファンに囲まれていたが、近づいて色紙を差し出すとなぜか僕にだけサインをしてくれ、おまけに握手までしてくれた。マスカラスさんの手は大きくて、とても分厚かった。これが僕がプロレスラーから初めてもらったサイン、そして初めてプロレスラーに触れた瞬間だった。

【ミル・マスカラス】1942年7月15日生まれ。メキシコ・サン・ルイス・ポトシ州出身。1965年7月デビュー。華麗なマスク、コスチュームを着用して〝仮面貴族〟〝千の顔を持つ男〟の異名を持つ。1971年2月に初来日。今なお多くの人々を魅了し続ける。

翌日、学校にサイン色紙を持っていき、先生に書いてある内容を聞いてみた。サインには、「Best Wishes」、「幸運を祈る」という意味のメッセージが添えられていた。僕とマスカラスさんの〝縁〟の始まりだった。

破れたオーバーマスク

その年の暮れから、僕はカメラを携えてプロレス会場に足を運ぶようになった。新日本プロレス、国際プロレスなど、タイミングがあえば何でも観戦に行ったが、一番夢中になったのは、やはりマスカラスさんが上がっていた全日本プロレスだった。

僕は『別冊ゴング』の影響もあって、アメリカやメキシコに憧れがあり、外国人レスラーがとにかく好きだった。全日本プロレスの外国人レスラーは、絵になる選手が多かったので自然と足を運ぶ回数が増えたのだ。

当時のプロレス会場には、僕のような少年ファンが山ほどいた。そんな彼らのお目当てのひとつが、ミル・マスカラスのオーバーマスクだった。

当時のプロレスを観ていた方ならご存知だろう。マスカラスさんは入場時、試合用のマスクの上にオーバーマスクといって、別のデザインのものを重ねて被ってくる。そのマスクをコー

オーバーマスク姿のマスカラス。左で見切れているのは、サムソン冬木さんだ。

ルと同時に脱ぎ、客席に投げ込むのだ。

これは日本限定のサービスで、マスクをキャッチしたら自分のものにできる。手に入れられるのは、ひとつの大会でたったひとり。ファン垂涎のプレミアムアイテムだった。

実は、僕はこのオーバーマスクをキャッチしたことがある。1986年6月11日の全日本プロレス船橋大会だった。

僕はとにかく写真を撮りたいファンだったので、オーバーマスクを取ることは最初から諦めていた。マスクを投げる瞬間は重要なシャッターチャンス。両手はカメラでふさがっているのでマスクを取ろうにも取れない。

しかし、この日は違った。〝たまたま〟マスクを投げる瞬間にカメラを下していた。マスカラスさんの手を離れたオーバーマスクは、緩やかな弧を描いて僕のところに飛んでくる。右手を伸ばすと、静かに僕の手の中に落ちてきた。

でも、そこからが大変だった。オーバーマスクを奪いとろうと、四方八方から手が伸びてくる。すさまじい力で引っ張られて、布が破ける感触がした。もう無理かもしれない。そう思った時、「お前ら、やめろー！」と若手レスラーが飛び込んできた。サムソン冬木さんだった。握りしめた指をほどいてマスクを見ると、見事に破けていた。ガッカリしたが、今ではこれもリアリティがあっていいじゃないかと思えるようになった。これもまた偶然に過ぎないといえばそうかもしれないが、〝たまたま〟も2回続くと、それは〝縁〟になる。

僕の中で、マスカラスさんはさらに特別な存在になった。

メキシコでのミル・マスカラス

このオーバーマスクをキャッチした翌年、僕は『週刊ファイト』に入社し、プロレスカメラマンになった。当時、マスカラスさんは来日が途絶えていたため、仕事をご一緒する機会はなかった。初めて撮影したのは、１９９１年に僕が『週刊ゴング』に移ってからだ。

とはいっても『ゴング』の仕事で撮影したわけではない。アマチュア時代からお世話になっ

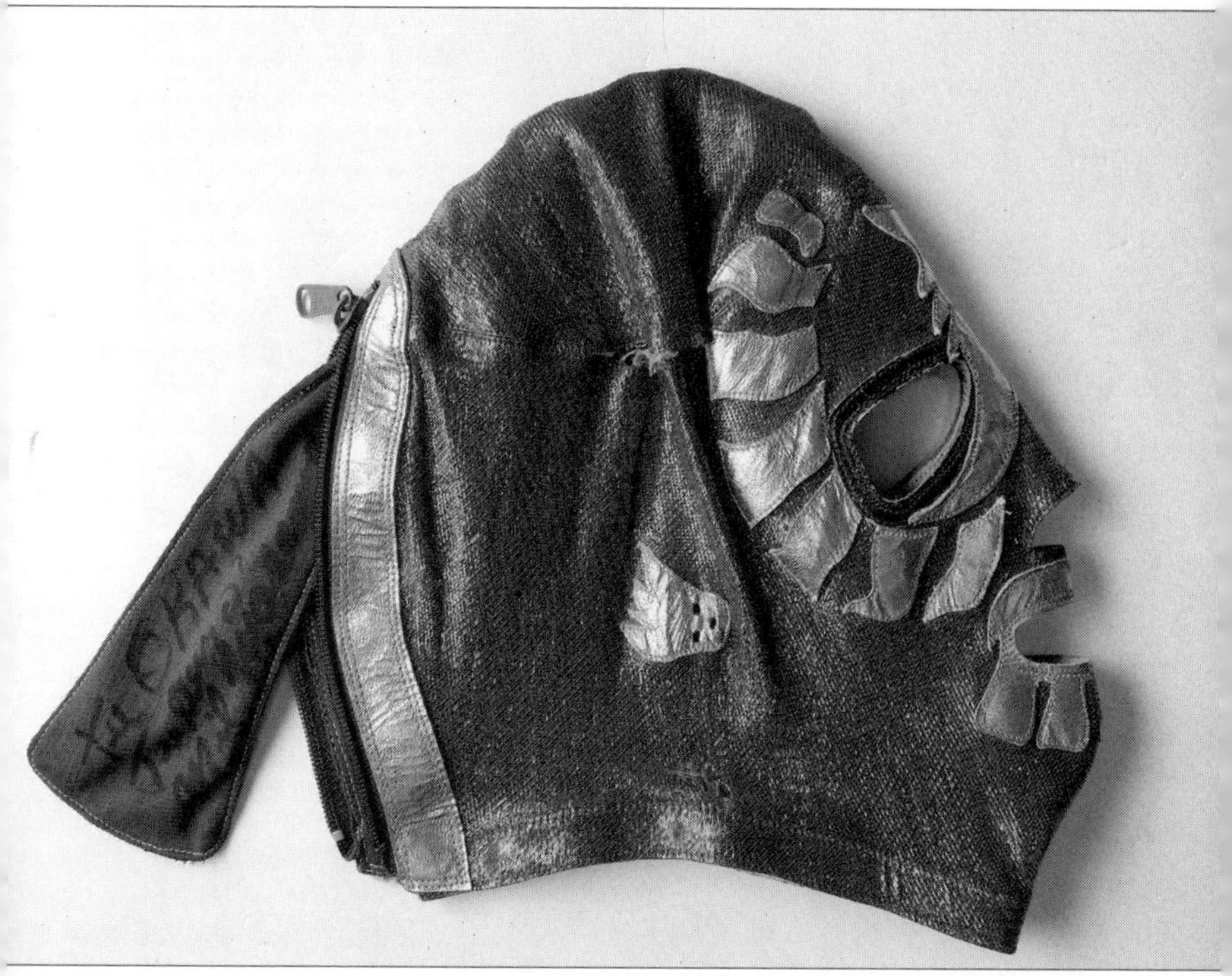

キャッチしたオーバーマスク。引っ張られたため、
右のこめかみの部分が破けている。後にサインもいただいた。

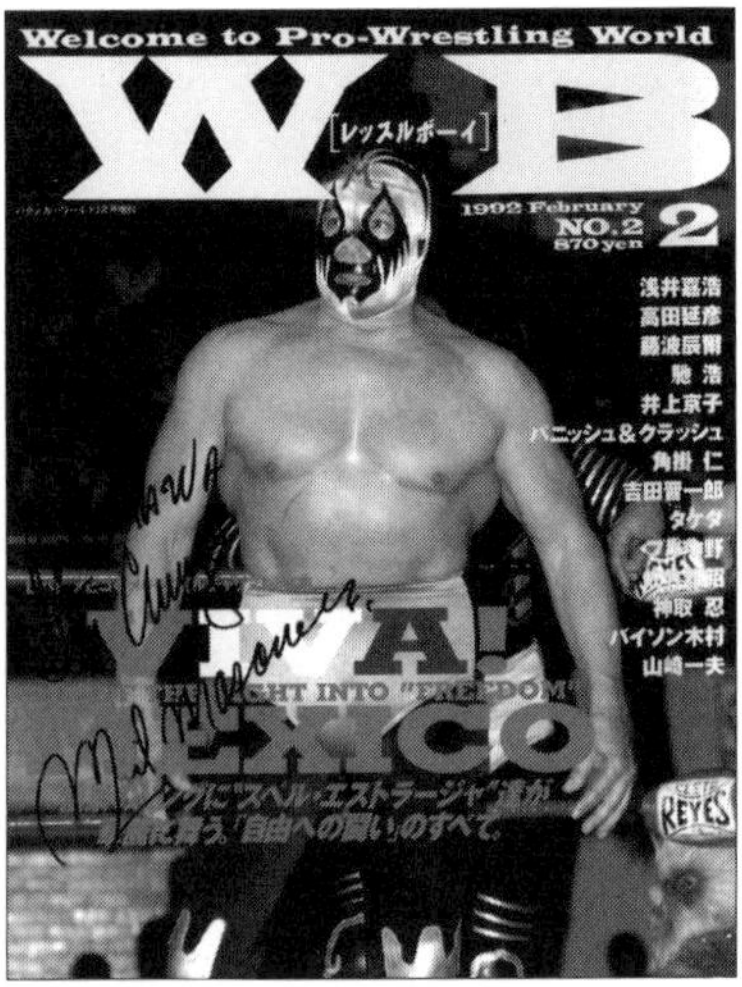

筆者の写真が表紙を飾った『WB』（白夜書房）。会社の手前、長内耕輔という偽名を使った。

ていた編集者が『WB（レッスルボーイ）』というプロレス雑誌を作っており、第2号でルチャの特集をやるにあたって、現地で撮影できるカメラマンとして僕に仕事が回ってきたのだ。1991年、僕はライターの澁澤さんとともにメキシコに取材旅行に出かけた。現地ではルチャリブレの試合だけではなく、ルチャドールの自宅訪問、マスク職人の取材、日本人ルチャドール吉田君のデビュー戦密着など、〝長内耕輔〟として1週間、様々な取材を敢行したのだ。

試合の取材では、対戦カードを知って驚いた。取材する2大会とも、マスカラスさんが出場するというのだ。後で知ったが、マスカラスさんがメキシコで試合をするのは非常に珍しいことらしい。僕は気合いを入れて会場に向かった。

試合会場はアレナ・ピスタ・レボルシオンとエル・トレオ（デ・クアトロ・カミノス）。

マスカラスさんというと入場曲『スカイ・ハイ』のイメージがあるが、『スカイ・ハイ』がかかるのは日本だけ。メキシコでは出番になると、選手は何の前触れもなく現れる。突然の登

初めてのエル・トレオで撮らせていただいたポーズ写真

エル・トレオでの一コマ。試合中もコーナーで控えるマスカラスさんを追い続けた。

ティニエブラス親子とともに勝ち名乗りを上げる

試合後、英雄を取り囲むメキシコのファンたち。時代を感じる風景（1991年）

場に、場内から遅れて歓声が上がる。

マスカラスさんはメキシコでも、もの凄い人気だった。観客はマスカラスさんの一挙手一投足に注目し、技が繰り出される度に大きな声援が飛ぶ。退場時には、興奮した大勢のファンがマスカラスさんを取り囲む。まるで英雄の帰還を歓迎するかのようで、印象深い光景だった。

スカイ・ハイ・アゲイン

日本で初めてマスカラスさんを撮影したのは、１９９１年12月10日のＷ☆ＩＮＧの後楽園大会。集客の目玉として来日が途絶えていたマスカラスさんに白羽の矢を立てたのだ。

マスカラスさんの取材は、清水勉編集長とのコンビで担当した。清水さんは『ゴング』編集部きってのルチャマニアで、スペイン語が堪能で僕をメキシコへ導いた恩人だ。

試合前、清水さんとマスカラスさんの控室を訪れて、オフショットを撮影した。

僕はプロレスラーは出番前が一番かっこいいと思っている。パンプアップされた身体、みなぎる気迫……、全身からプロレスラーの迫力が漂っている。しかし、出番前はプロレスラーがもっとも集中を要する時でもある。そんな時に写真を撮らせてくれというのは、実は勇気がいる行為だ。

W☆ING 参戦時、姫路大会の試合前に撮影させてもらった一枚

でも、マスカラスさんは優しかった。こちらの注文に嫌な顔ひとつせずに何枚も付き合ってくれた。次々とポーズを決めるその姿は、まさにプロフェッショナル。『ゴング』にかっこいい写真を撮らせるのも重要な仕事のうちだ。そう言ってもらえているようで嬉しかった。

電話番号が書かれたメモ

W☆INGは「スカイ・ハイ・アゲイン」の翌年にも、マスカラスさんを招聘する。1992年8月14日の後楽園大会を皮切りに、神奈川（川崎市体育館）、愛知（江南市体育館）、兵庫（姫路市厚生会館）、大阪（万博お祭り広場）の4都市を回った。

僕たち『ゴング』取材班も巡業に同行して、マスカラスさんの取材を行った。姫路ではマスカラスさんを連れ出し、姫路城をバックに特写を計画。ホテルを訪ねたところ、肝心のマスカラスさんが見つからず、カネックさんにお願いしたこともあった（マスカラスさんは翌日撮影）。

シリーズ最終日、8月20日の大阪大会終了後。これまでの取材のお礼をかねてマスカラスさんに挨拶にいった。そこで僕は翌月休みをとってメキシコに行くことを伝えた。するとマスカラスさんが紙にペンを走らせて、僕に渡してこう言ってくれたのだ。

「メキシコに着いたら、電話しなさい」

姫路城内でリラックスしているマスカラスさん

渡されたのは、マスカラスさんの自宅の電話番号だった。

一か月後、僕はメキシコの地を踏んでいた。いまなら絶対に泊まらないアレナ・コリセオ近くのドス・ナシオネスという安宿に部屋をとると、荷物を置いてフロントで電話を借りた。マスカラスさんは電話をしてこいと言ってくれたが、本当にかけていいのか。そもそも都合よく自宅にいるのか……。

迷っていても仕方がないので、思い切って電話をかけた。すると受話器の向こうから聞き覚えのある優しい声が聞こえた。マスカラスさんご本人だった。知っている限りのスペイン語を使って到着したことを伝えると、食事に誘っていただいた。

「明日迎えに行く。大川は寿司は好きか？　私の家でランチを食べよう」

実は、僕には小さい頃から夢があった。昔、『ゴング』ではよく海外のプロレスラーの自宅を訪問する企画をやっていた。それに影響を受けていた僕は、いつかマスカラスさんとテリーさんの自宅に行ってみたいと思っていたのだ。その夢がこんなに早く叶うとは……僕は信じられない思いで受話器を置いた。

メキシコシティ郊外の豪邸

メキシコシティの中心部にあるソカロ広場

翌日、約束の時間にマスカラスさんが車で現れた。マスクは被っていない。素顔のマスカラスさんだった。

ご本人の運転で、メキシコシティ郊外のご自宅に向かう。車で走ること数十分。岩山をバックに大きな家が建っていた。食事の前に家の中を案内してもらった。すべての部屋を見終わるまで小一時間はかかったろうか。親日家のマスカラスさんらしく、鎧兜や掛け軸など、日本のものを飾った部屋があった。特に全日本プロレス時代のトロフィーや盾、勝利者賞の日本人形を大切に飾っているのが印象的だった。

昼食はお手伝いさんの手料理をごちそうになった。だが、極度の緊張のせいで、何を食べたのかまったく覚えていない。

食事が終わりに差し掛かった時、僕は思い切ってお願いをした。マスカラスさんにマスクを譲ってください、と頼んだのだ。僕はオーバーマスクは持っていたが、試合用のマスクはまだ持っていなかった。厚かましいのは重々承知だったが、この機会を逃すとチャンスはないような気がしてたのだ。

僕が拙いスペイン語でマスクを譲ってほしいと伝えると、マスカラスさんは豪快に笑った。「なんだ、マスクが欲しかったのか。でも、ここにはないんだ。私のオフィスへいこう」

自宅とは別の場所に構えていた事務所には、古いラメを使ったマスクなど、ファン垂涎のマスクがたくさん置かれていた。そのうちの何枚かを、マスカラスさんは「これはレガロ（プレゼント）だ！」と言って僕に渡してくれたのだった。

竹内さんとマスカラス

なぜマスカラスさんは僕に親切にしてくださったのか。いま考えれば、その理由は2つあるように思う。

まずひとつは、僕が『週刊ゴング』のカメラマンで、〝タケのとこの子〟だったということが大きい。

自宅→事務所、夢のような時間の最後に頂いた4枚のマスク。1992年9月17日の出来事。

『ゴング』の生みの親は、マスカラスさんをいち早く日本に紹介したことで知られる竹内宏介さん（マスカラスさんは親しみを込めてタケと呼んでいた）だ。竹内さんは独自の感性でマスカラスさんに特化した誌面を作り、それにファンが共感、来日したマスカラスさんが前評判以上の試合をみせたことで人気が爆発した。

2人の関係は特別で、マスカラスさんが来日した時、『ゴング』の企画で竹内さんと皇居の周りをジョギングしたこともあった。竹内さんは普段、そういった形で誌面に出ることはないので、驚いた記憶がある。

マスカラスさんも竹内さんには恩義を感じていたようだ。2012年5月3日、竹内さんが長期の闘病の末に亡くなられた時、訃報を伝えるとマスカラスさんは「いまから行く！」といって慌てて来日しようとした。結局、この時は葬儀に間に合わないため来日は見送られたが、最後までマスカラスさんは本気で駆けつけようとしていた。何かあったら損得なしに駆けつける。2人の絆はそれほど深いものがあったのだ。

そしてもうひとつの理由は、僕が誰よりもマスカラスさんのことが好きそうだったから、かもしれない。僕にとってマスカラスさんは少年時代からの憧れの存在。プロになって、出番前に写真を撮らせてもらったり、試合の写真をリングサイドで撮ったりすること自体がたまらなく嬉しかった。そんな僕の気持ちが伝わっていたのではないか、と思うのだ。

竹内さんの部屋は、まさにプロレス少年の夢の部屋

竹内さんの部屋に飾られていたマスカラスさんと竹内さんのツーショット

八戸の一夜

W☆INGへの参戦がきっかけで、マスカラスさんは色々な団体に興行の主役として呼ばれるようになる。僕たち『ゴング』取材班もマスカラスさんを追って全国を飛び回った。

取材で顔を合わせる機会が多くなると、自然と移動のお世話係をするようになった。僕は荷物運びを担当したが、マスカラスさんがいつも持ち歩いているアルミ製のアタッシュケース〝ゼロハリ〟が重いのなんの……。キャスターがついてなかったので、カメラ機材を担ぎながら死ぬ思いで運んだ。この時期、マスカラスさんとは日本の色々な場所を訪れたが、その中でも、とくに思い出に残っているのが、〝八戸の一夜〟だ。

1993年10月、マスカラスさんはWARの北海道から東北、北陸を回るシリーズに参戦していた。その第六戦の青森の八戸市体育館でのこと。控室に行くと、マスカラスさんに呼び止められた。前日の試合で右肩を負傷したため、テーピングを持ってきてほしいという。

同行していた記者は別の取材に向かっていたため、この日は僕ひとりだった。いま思えば、テーピングぐらいWARのスタッフに頼めば用意してくれたとは思うが、マスカラスさんに応えたくて、僕は体育館を飛び出し町に向かった。幸い、体育館から町の中心部は近い。飛び込

八戸大会の試合前の写真。右肩にテーピングしているのがわかる。

んだ薬局でテーピングを買い求めると、急いで体育館に戻ってマスカラスさんに渡した。

試合後、マスカラスさんから食事に誘われた。マスカラスさんと2人きりで食事をするのは、初めてだった。しかし、八戸の夜は早く、営業している店がほとんどない。ホテルのフロント（宿泊場所が少ないため、選手とマスコミは同じホテルに泊まっていた）に尋ねると、少し行ったところに寿司屋があるという。

マスカラスさんと八戸の夜の町を歩く。ホテルから10分は歩いただろうか。教えられた寿司屋は遠かったが、とてもいい店だった。

食事をご一緒して分かったことだが、マスカラスさんは非常にストイックだ。基本的に肉はほとんど食べない。魚中心の食生活で糖質も毎朝飲む果汁１００％のオレンジジュースとフルーツから摂る程度。コーヒー（カフェイン入り）は午前中のみ、お酒も「これは血の巡りを良くするためだ」とワイン一杯しか召し上がらない。そんな生活をミル・マスカラスであり続けるために、もう何十年も続けているのだ。

でも、そうした食事を僕たちに強要することはない。一緒に食事をすると「これも食べろ、あれも食べろ」とどんどん勧めてくれる。この日も刺身や寿司など、食べきれないほど注文してくれた。マスカラスさんはこの店がよほど気に入ったのか、翌日も「今日もあの店に寿司を食べに行こう」と誘ってくれた。二夜連続の寿司。2日目もまた格別だった。

函館～札幌への移動の途中、浜辺を走る！

とにかく日本の文化が好きで、少年相撲の練習を見学

スカイ・ハイで社長賞

僕が『週刊ゴング』にいた頃、『週刊プロレス』とは激しいライバル関係にあった。『週プロ』では『ゴング』の記者とは口を聞くな、といったお触れが出たこともあったそうだが、対抗心という意味では『ゴング』も同じ。〝『週プロ』に負けるな〟〝『週プロ』には出し抜かれるな〟が合言葉で、現場はいつもピリピリしており、怒声が飛ぶことさえあった。

僕はそういう空気にはわりと無頓着で、『週プロ』やスポーツ紙の記者やカメラマンと親しくしていた。

でも、写真となれば別だった。僕はカメラマンとしてこの業界に入った時から、ずっと一番になることを目標にしてきた。写真の技術でいえば、僕よりもうまい人はたくさんいたが、プロレスが好きということについては負けない自信があった。

どうすれば選手が一番よく見えるか。どの角度から撮れば、技の迫力が出るのか。アマチュアの頃から常に考えていたので、リングサイドで撮れるようになると、どんどんアイデアが湧いてきた。

次のページに掲載したのは、『ゴング』時代に社長賞をもらった写真だ。

１９９６年10月10日のみちのくプロレス両国大会「竹脇」。場外にフライング・ボディアタックを繰り出すマスカラスさんをかっこよく撮りたくて、普段は使わない魚眼レンズで下に回りこんで撮影した。魚眼レンズがハマったことで、パートナーの初代タイガーマスク、そして対戦相手となった弟、ドス・カラスの姿を一枚の絵におさめることができた。この写真は、竹内さんが気に入ってくれて社長賞をいただいた。僕にとっても思い出深い一枚だ。

写真集『ミル・マスカラス』

僕は１９９７年に『週刊ゴング』を発行する日本スポーツ出版社を退社し、フリーランスのカメラマンになった。だが、それで『ゴング』との縁が切れたわけではなく、退社後も引き続きフリーのカメラマンとして『ゴング』の撮影を続けた。

時間の融通がきくようになったことで、僕は頻繁にメキシコへ行くようになった。趣味と実益を兼ねた旅で、滞在中はメキシコシティの会場を回って試合を撮影した。このメキシコ旅行のハイライトが、マスカラスさんとの食事だった。

ホテルから電話をするとマスカラスさんはいつも「ランチに行こう」と誘ってくれる。メキシコシティのイタリアン・レストランが一番多く、中華料理や日本料理を食べることもあった。

マスカラスさんから毎年送られてくるクリスマスカード

マスカラスさんはいつも別れ際にこう言ってくれた。

「何かあったら24時間いつでも電話をしてきていいぞ」

メキシコの取材はいつも危険と隣り合わせ。だが、マスカラスさんがついていると思うと心強かった。

1999年、僕はありがたい話をいただいた。マスカラスさんの〝写真集〟の出版だ。写真集には、ファンが見たことのないマスカラスさんの姿を収めるため、メキシコと日本の2箇所で撮影することを決めた。

マスカラスさんの全面協力のもと、撮影が始まった。メキシコでは練習風景を撮りたいとリクエストすると、オリンピック協会のトレーニング施設で普段やっているトレーニン

写真集『Mil Mascaras』

グを見せてくれた。自宅ではお子さんとくつろぐ姿も撮らせてくれ、試合に出場する際は自ら運転する車で会場まで連れて行ってくれた。

日本ではＣＭＬＬジャパンのツアー中は常にマスカラスさんと一緒に行動した。京都の清水寺では散歩しながら撮影させてくれ、京都ＫＢＳ大会では控室が畳の部屋だったので、寝っ転がり、リラックスしているところを撮ったりもした。

撮影を通じて感じたのは、やはりマスカラスさんは〝絵になる〟ということだった。控室でリラックスする姿、ジムでトレーニングする姿、何かを考える姿……どんなことをしていても〝絵〟になる。まさに〝仮面貴族〟だった

完成した写真集『Mil Mascaras』は、ＣＭＬＬジャパンの会場や書泉など一部の書店で販売した。カメラマンにとって、写真集の出版はひとつの目標だ。それをマスカラスさんと作れたというのは、最高の出来事だった。

写真集が出た翌年の２００１年も、僕はメキシコにいた。ＣＭＬＬジャパンがこの年、マス

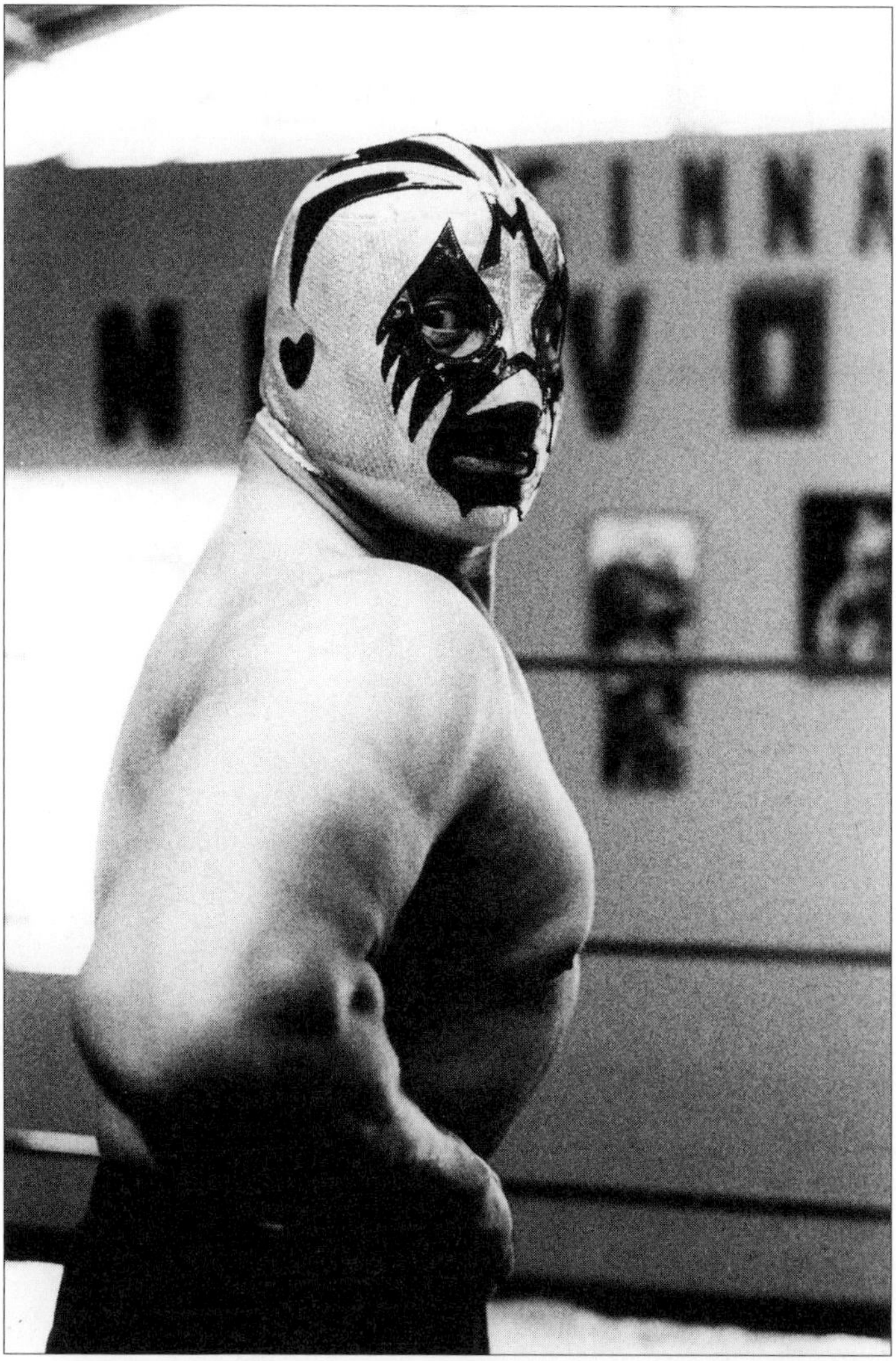

ヒムナシオ・ヌエボ・ホルダンにて（写真集『Mil Mascaras』より）

ヒムナシオ・ヌエボ・ホルダンではボクシング特訓を敢行

将来プロボクサーを夢見る〝ニーニョ（少年）〟に手ほどき

おどけてみせて周囲をひきこむ、まさにスペル・エストレージャ（スーパースター）

京都KBS大会の入場直前「サメロ」モデルのオーバーマスクがかっこよすぎる！

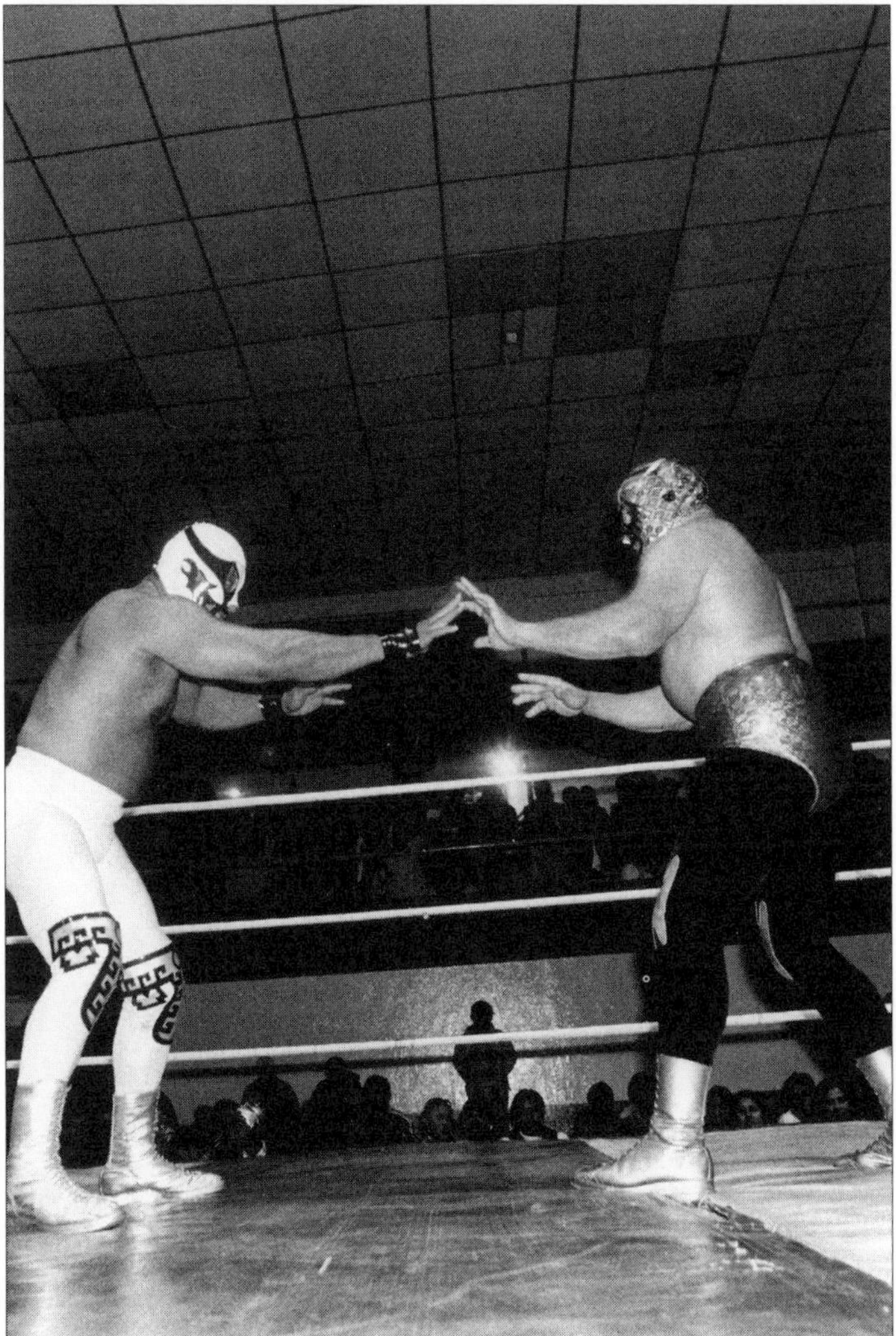

ヒムナシオ・ベニート・ファレス大会で実現した〝帝王〟vs〝仮面貴族〟

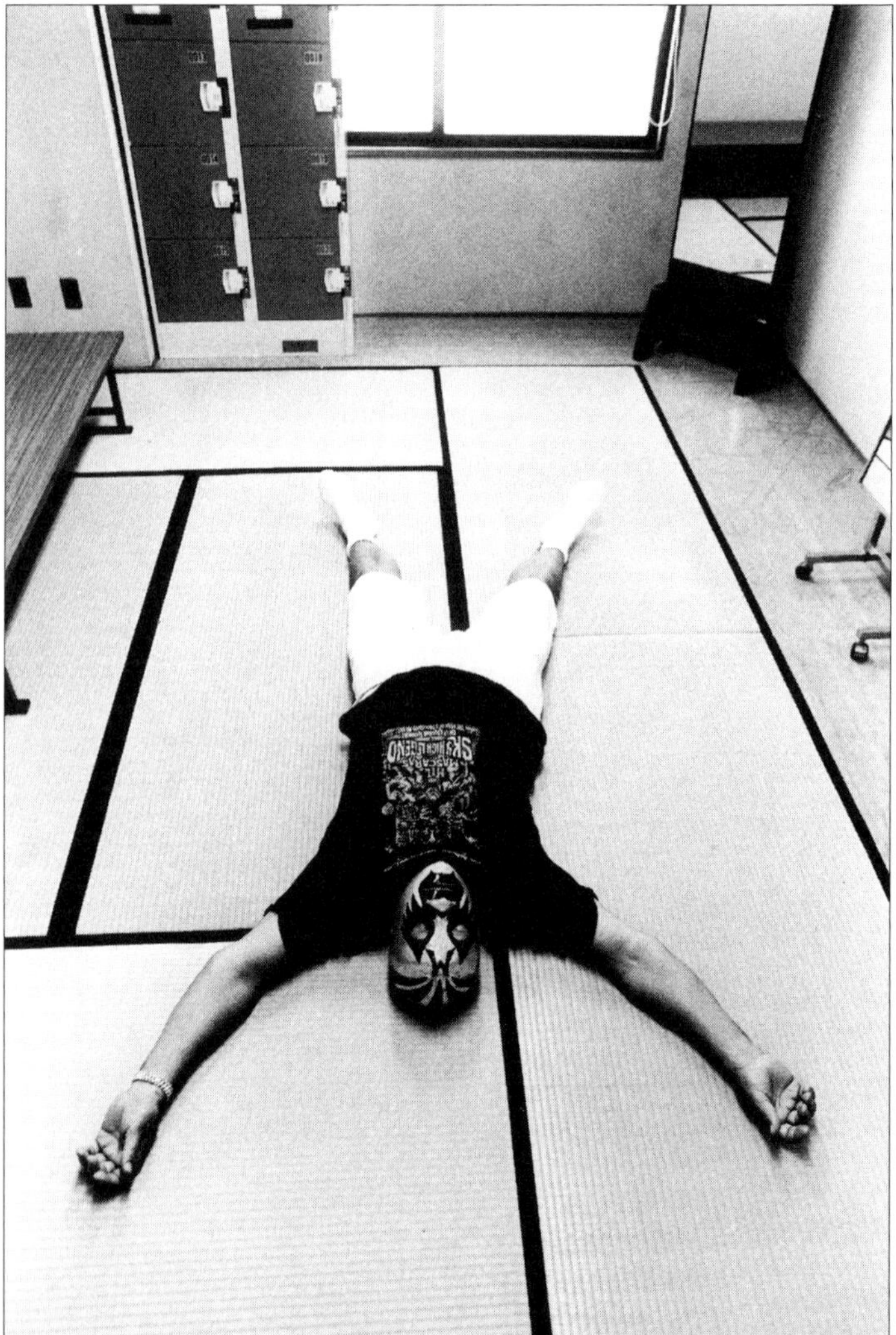

京都 KBS ホールの畳の控室で大の字になってリラックス

鏡越しの〝仮面貴族〟絵になり過ぎる!!

カラス三兄弟の招聘を計画していた。そのポスター用の写真を撮影するために、メキシコにきたのだ。

メキシコとはいえ、この3人が揃うのは珍しい。3兄弟も気合いが入っていて、息子たちを交えてジムでトレーニングをするなど、いい写真をたくさん撮らせてくれた。しかし、その後、ドス・カラスとシコデリコの来日がいったんキャンセルになってしまった。結局、直前になってドス・カラスは参戦することになったが、シコデリコの来日はなく、幻の三兄弟揃い踏みになってしまった。

「ドラゴマニア」で最後の場外ダイブ

その後も、僕はマスカラスさんを追い続けた。来日時にお会いして撮影するのはもちろん、メキシコで試合があると時間が許す限り渡墨した。

2000年代に入っても、マスカラスさんは精力的に試合に出場した。

2001年には佐山さんの掣圏道《せいけんどう》の大会にマスカラスブラザーズで参戦（8月19日、掣圏道、昭和の森・昭島メッセ大会）。初代タイガーマスク&ザ・コブラ組と戦うという夢のカードが実現している。2004年9月25日には、メキシコのアレナ・ソチミルコで、僕が個人的

最初で最後（?）のマスカラスファミリー揃い踏み

に仲が良かったピエロー・ジュニア&ブラックタイガーⅢと対戦（口絵3ページ、左下写真）、2005年5月には、『週刊ゴング』の「大メキシコ特集」の企画で一緒にフライ・トルメンタさんの教会を訪ねた。

その中でとくに僕の記憶に残っているのが、2007年の『ドラゴマニア』だ。『ドラゴマニア』は、闘龍門の設立者のウルティモ・ドラゴンが、2006年からメキシコで毎年開催しているルチャの祭典。〝ルチャの殿堂〟アレナ・メヒコで開催され、1万7000人もの観客が集まるメガイベントだ。

マスカラスさんは、このビッグマッチに2007年に初めて参戦した。出場したのは、メインイベントの8人タッグマッチ。ウルティモ・ドラゴン、マルコ・コルレオーネ、岡田かずちか（後のオカダ・カズチカ）をパートナーに、高山善廣、鈴木みのる、ウルティモ・ゲレーロ、SUWA組と戦った。

この試合でマスカラスさんは、コーナーポスト最上段から場外のウルティモ・ゲレーロにフライング・ボディアタックを放った。僕が知る限り、これはいまのところ〝最後〟の場外に飛んだフライング・ボディアタック（左ページの写真）。その貴重な場面を、最高の場所で撮影できた。この写真も思い入れのある一枚だ。

Coron
RINCÓN CULINARIO JAPONÉS

『別冊ゴング』の復活

僕はフリーランスになっても、『週刊ゴング』との関係は続いていた。

その発行元の日本スポーツ出版社は色々なゴタゴタを経て、オーナーが交代。新しい体制へと舵を切る中で、会社を離れるスタッフもいた。

そんなある日、僕は新しい社主から相談を受けた。社主は会社を辞めた1人のスタッフを気にかけており、彼と一緒に雑誌を作ってみないかということだった。

僕はその時やってみたいことがあった。『別冊ゴング』の復活だ。当時の『週刊ゴング』は醍醐味だった企画のページが徐々に減っていた。プロレスはそもそもマニアックなものだ。何かひとつのテーマをとことん掘り下げた雑誌があってもいいのではと思っていた。

また、『別冊ゴング』は僕をプロレスの世界に導いてくれた雑誌。僕が子どもの頃に夢中になった『別冊ゴング』を今のファンも読みたいのではないか、という思いもあった。

『別冊ゴング』の復活に、社主はＯＫを出してくれた。制作には『別冊ゴング』の生みの親である竹内さんも参加、吉川記者と３人体制で雑誌を作った。復刊第一号（２００６年7月発行）の特集は、マスカラスさん。以降、隔月で発行し、第二号ではタイガーマスク、第三号ではプロレスマスク、第四号ではスタン・ハンセン、第五号ではチャンピオンベルトを特集。雑誌の

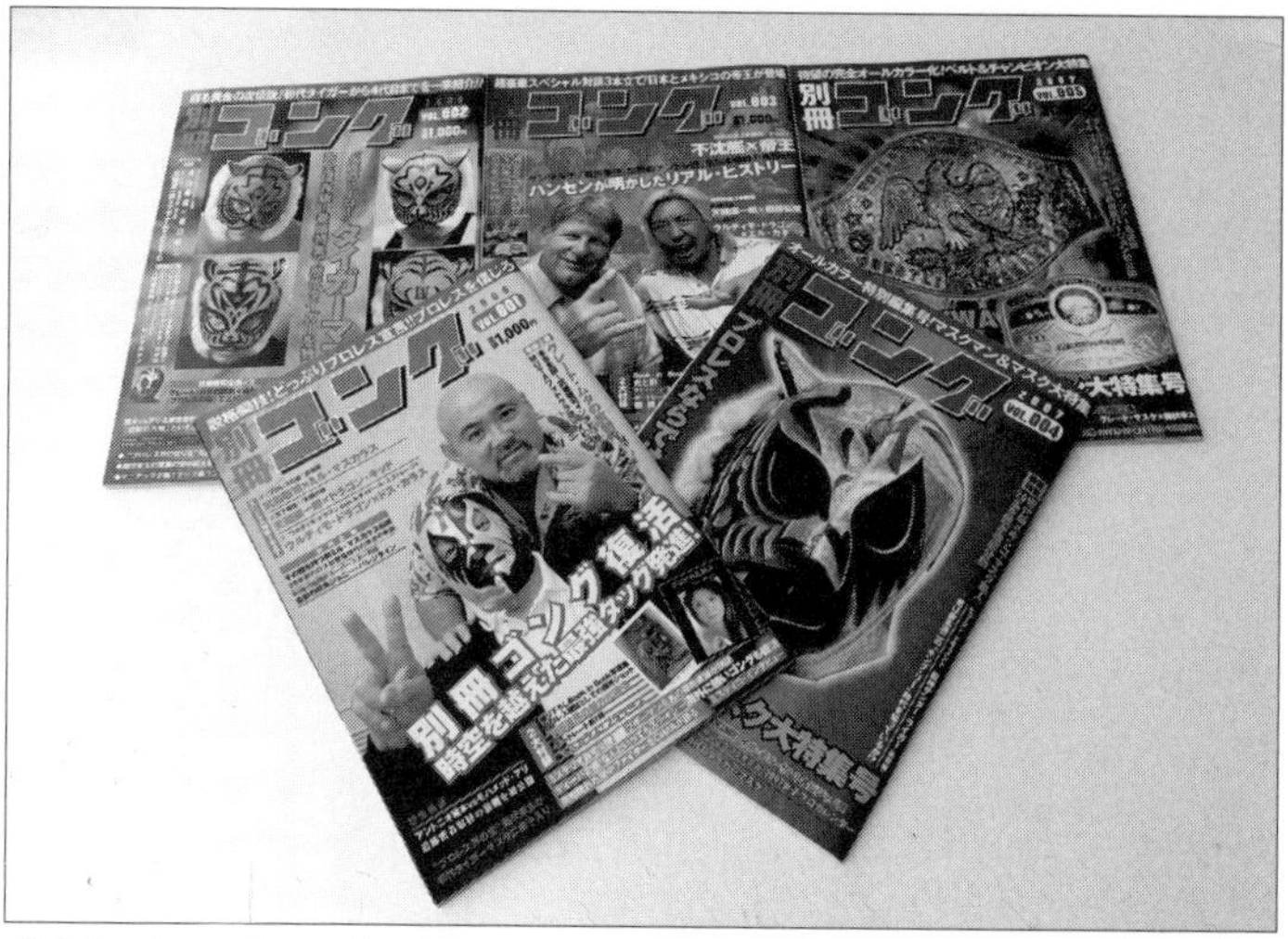

竹内さんたちと作った『別冊ゴング』。復刊第一号の表紙はマスカラスさんと武藤さん。

売れ行きは好調だったが、2007年3月に出た第五号を最後に打ち切りになる。

『ゴング』廃刊と『Gリング』

2007年3月14日、『週刊ゴング』が休刊した。事実上の廃刊だった。

僕はフリーランスだったが、会社がゴタゴタしているのは随分前から知っており、『ゴング』が危ないということもわかっていた。でも、いざ休刊が決まると全身が虚脱感に包まれた。

『ゴング』は僕にとって雑誌を超えた存在だった。ファン時代にはプロレスの楽しさを教えてくれ、プロになってからはカメラマンとは何であるかを教えてくれた。そんな『ゴング』がなくなるなんて、とても受け入れられなかった。

『ゴング』のスタッフは2つに別れ、それぞれが後継誌を作り始めた。僕は竹内さんとの縁もあり、『Gリング』に参画した。『Gリング』はGK金澤さんが実質的な編集長で、竹内さんが最高顧問を務めた。ライター陣は『週刊ゴング』の5代目編集長の吉川記者やターザン山本さん、元『週刊ファイト』の編集長・井上譲二（フランク井上）さんなど、豪華な布陣だった。『Gリング』は創刊号こそ好調だったものの、その後は低迷する。2008年1月から月刊化するも2号目で制作を担当していた編集プロダクションが撤退。3号目からは僕が会社を立ち上げ、制作を引き受けることになった。それが出版社から提示された条件だったからだ。

いまだから話せるが、この時期は本当に地獄だった。毎号200万円の赤字。雑誌を出せば出すほど赤字が膨らむ。僕は回転資金を作るために私財を投入した。誌上オークションで、私物のマスクやコスチュームも売却。でも事態は好転しない。僕の携帯電話が鳴ると、いい話はひとつもなかった。僕はノイローゼ気味になり、電話が怖くなった。

本音を言えば、すぐにでも辞めたかった。でも、ここで辞めたらついてきてくれたスタッフはどうなるのか。そう思うと「辞める」とは言えない。

7号目を出した時、見かねた出版元の社員からストップを掛けられた。

「大川さん、もう終わりにした方がいいんじゃないですか？」

認め合う本物同士の再会は、最高の笑顔だった

「お金を出しているのは僕らです。どうしてそっちにストップされなきゃならないんですか！」

感情に任せて言い返してはみたが、潮時なのは自分が一番わかっていた。

『Gリング』は8号で休刊することになった。最後の号では僕が好きなルチャリブレを特集した。

2008年5月、藤波さんは「ドラゴマニアⅢ」に出場するためにメキシコに行き、マスカラスさんと再会していた。2人が顔を合わせるのは29年ぶりだという。日本プロレス時代からの旧知の間柄で、藤波さんがメキシコで修行していた頃には試合をしたこともある。そんなレジェンドの2人が何を語り合うのか。僕はこの目で見たいと思い、対談をセッティングしたのだ。対談はすばらしい内容になったが、それ以上に、2人がとてもいい表情をしていたのが印象的だった。

『Gリング』は終わるが、2人の関係はこれからも続く。僕の雑誌がきっかけで、マスカラスさんと藤波さんの間に〝縁〟が生まれたのなら、それほどうれしいことはない。この時期は僕の暗黒期だったが、プロレス界に何かを残せたとしたら僕のやったことにも意味があったのかもしれない。いまはそう思えるようになっている。

仮面貴族FIESTA

『Gリング』の廃刊後、僕は無為な日々を過ごしていた。

自分の店であるマスクショップ『DEPOMART』の経営は続けていたし、依頼があればカメラマンとして写真も撮った。でも、何をしても胸のあたりにぽっかり穴が空いているようだった。そんな僕に立ち直るきっかけをくれたのは、店の常連だった山口進一社長だった。

2008年の秋頃だったと思う。雑談をしていたら、山口さんが「スポンサーになるから、ミル・マスカラスを呼べないかな」と言い出した。マスカラスさんの来日は2006年の大阪プロレスが最後。山口さんは熱烈なマスカラス・ファンだったので、試合をする姿を観たいと

マスカラス兄弟もファンフェスに参加したことがある

いうのだ。

僕は山口さんの言葉を聞いて、あるものを思い出していた。

アメリカには、ファンフェスと呼ばれるレジェンドレスラーを囲むファンの集いがある。比較的小さな会場で、レジェンドのサイン会や撮影会、試合などを行うのだ。好きな人たちだけが集まった極上の空間。あの温かな雰囲気は、参加した者にしかわからない。

僕はファンフェスに参加する度に、日本でもこういうことができないかと思っていた。山口社長の提案を聞いた時に、その時の感覚がよみがえってきたのだ。

僕は山口社長に協力を要請すると、「マスカラスさんを主役にした興行」を開催するために動き始めた。

本場のファンフェスのように大好きな人たちだけが集まった〝大人の空間〟を演出したかったので、会場は新木場1ｓｔＲＩＮＧを選んだ。でも、肝心の興行のやり方を何も知らない。そこで相談したのが、旧知のロッシー小川さんだった。計画を話すと、小川さんはすぐに半年後の新木場を押えてくれ、大会の宣伝やチケットの販売、スタッフの手配、会場の設営など興行の重要な部分をすべて引き受けてくれた。アンダーカードはＮＯＳＡＷＡ論外の力を借りた。

次は出場交渉だ。まずはマスカラスさんに電話をした。「マスカラスさんを主役にした興行をやりたいんです。小さな会場ですが、出ていただけますか？」とお願いすると、喜んでオファーを受けてくれた。

対戦相手とパートナーは決めていた。パートナーは、初代タイガーマスク。これは誰もが観たい究極の組み合わせだ。対戦相手は藤波辰爾さん。『Ｇリング』で対談していただいた時から、２人の対戦が観たいと思っていた。藤波さんのパートナーは、公私でお世話になっていたルチャリブレのレジェンド、グラン浜田さんにお願いした。

前売り券はソールドアウト。すべてが順調に進んでいるかに見えたが、直前にトラブルが発生する。大会の数日前、リアルジャパンプロレスの平井社長から電話が入った。佐山さんが練習中にケガをしたという。お客さんの中には、初代タイガーマスクの出場を楽しみにしている人もいる。胃に穴が空くような思いをしながら、万が一に備え、僕は天龍さんのスケジュール

新木場1stRINGに4人のスペル・エストレージャが揃い踏み。
満員の昭和のプロレスファンが集い、至福の時を共有した。

試合前にメインイベント出場者で記念写真。これも「FIESTA」シリーズならではの光景

をチェックした。

大会の3日前、平井社長から再び電話が入る。「試合に出られる」、これで準備が整った。

2009年3月29日、新木場1stRING。僕は初めての自主興行「仮面貴族FIESTA2009」を開催した。超満員札止め、全国から400人近くのお客さんが集まった。

メインイベントは第4試合。今井リングアナがマスカラスさんを呼び込む。場内に『スカイ・ハイ』が流れ、客席から「マスカラス！」の掛け声が飛ぶ。初代タイガーマスク、グラン浜田の攻防で幕を開けた60分1本勝負。試合は7分18秒、マスカラスさんがグラン浜田さんに見事な飛距離のフライング・ボディアタックを敢行、3カウントが入る。一瞬の静寂の後、場内は大歓声に包まれた。

大会終了後、マスカラスさんと会場を出ると、大勢のファンが出待ちをしていた。

試合後、僕はずっと気になっていたことがあった。お客さんは喜んでくれたけれど、この小さな会場でマスカラスさんは不満に思わなかっただろうか。

そんなことを考えていると、マスカラスさんが突然僕に聞いてきた。

「大川、今日きたファンは満足したか?」

僕が頷くと、マスカラスさんは満足そうにこう続けた。

「そうか、それが一番大切なことだからな」

その言葉を聞いた時、僕は人生の次の目的を見つけたような気がした。そして、この「仮面貴族FIESTA2009」を皮切りに、僕はレジェンドを主役にした様々な大会を開催していくようになる。

意地のメキシカンストレッチ

「仮面貴族FIESTA2009」に手ごたえを感じた僕は、翌年もマスカラスさんを主役にした興行を開催する。題して「仮面貴族FIESTA2010~ミル・マスカラス誕生45周年記念興行」(2010年10月11日、新木場1stRING)。メインイベントは6人タッグマッチで、マスカラスさんのパートナーには、天龍源一郎さん、エル・パンテーラ、対戦相手には藤原組長、NOSAWA論外、アルカンヘル・デ・ラ・ムエルテをブッキングした。

だが、今回も直前になって大きなトラブルが発生する。マスカラスさんは来日直前のメキシコでの試合で負傷していたのだ。大会の3日前、マスカラスさんはNOSAWA論外のデビュー15周年記念興行に出場したが、そこで負傷箇所をさらに悪化させてしまった。

「病院につれていってほしい」

マスカラスさんは滅多なことでは病院にいかない。そう言われた瞬間、これはマズイと思った。負傷箇所は太もも。病院で診てもらうと見事にどす黒く腫れ上がっている。下された診断は〝全治2週間〟だった。

「大川、どうする?」

マスカラスさんにそう聞かれたが、さすがに「出場してください」とは言えない。マスカラスさんの奥さんに病院へ行ったことを報告すると、「アロンは絶対に試合に穴をあける人ではない」というお返事が返ってきた。「仮面貴族FIESTA」の主役は、マスカラスさんだ。主役が出られないということになれば、興行自体が成立しない。チケットも払い戻ししなければならないだろう。

だが、そんな危機的な状況にあっても僕は案外冷静だった。レジェンドの興行にはこうした

「FIESTA」シリーズ恒例のノーサイドのエンディング

トラブルは付物だ。いまさらジタバタしても仕方がない。僕は奥さんの言葉を信じて、ただ待つだけだった。いま考えると、胃に穴が空きそうなシチュエーションだが、この時、僕は不思議と腹が括れた。

3日後、奥さんの言葉通りにマスカラスさんはリングに上がってくれた。全治2週間の負傷を感じさせない動きで、フライング・ボディアタックこそ出さなかったものの、NOSAWA論外からメキシカン・ストレッチでギブアップを奪ってみせた。

人生では時々、悪いこと嫌なことが起きる。重要なのはその時にバタバタするのではなく、あとでいい経験になったと思えるように動けるかどうか。2回目の「仮面貴族FIESTA」は大変だったが、僕は大会を通じてそんな大切なことを学んだ気がした。

私がここにいるのが答えだ

「仮面貴族ＦＩＥＳＴＡ２００９」以降、マスカラスさんは再び頻繁に来日するようになった。マスカラスさんとすぐに連絡ができる、ということもあってか、僕のもとにはマスカラスさんを呼びたいという相談がいくつも寄せられた。

この時期の出来事で印象に残っているのが、２０１１年2月5日のＩＧＦの福岡国際センター大会だ。

マスカラスさんはこの大会で、藤波辰爾さんの40周年記念試合であるスペシャル・シングルマッチの相手を務めた。ＩＧＦは僕の分もチケットを用意してくれたので、博多までマスカラスさんをアテンドし、会場では同じ控室に入れていただき、お付き役を務めた。マスカラスさんのもとには、関係者やプロレスラーたちがどんどん挨拶にきて、一緒に写真を撮っていく。最後に現れたのが、ＩＧＦの総帥、アントニオ猪木さんだった。驚くことに、猪木さん自ら歩みより、マスカラスさんに握手を求めた。抱擁後にツーショットに収まる2人。マスカラスさんも猪木さんも、とても良い表情をしていた。

〝仮面貴族〟と〝燃える闘魂〟これぞ〝奇跡〟のツーショット

藤波さんとの試合はすばらしかった。数々の外国人レスラーと名勝負を繰り広げてきた藤波さんだからこそ、試合がスイングしたのだ。結果を見ればフルタイムの引き分けだったが、実に濃密な10分間だった。

試合後、マスカラスさんはいつになく上機嫌で、夕食に誘われた。

この日はファンを喜ばせるすばらしい試合ができたこともあり、様々な話をしてくれた。

その席で、僕は初めて弱音を吐いてしまった。当時、僕はいろいろあってこの業界で生きていく難しさを感じていた時期だった。

僕が弱音を吐くと、マスカラスさんは僕の目をみつめてこう言った。

「いいか、大川。私がここにいるのが答えだ」

この言葉を聞いた瞬間、僕は不覚にも感極まってしまった。

僕らの夢のオールスター戦

２０１１年は、僕にとっていくつもの節目が重なった年になった。

まず、ひとつはマスカラスさんの来日40周年。そして、もうひとつが僕の店の10周年だ。

僕はその２つを記念して、３年連続となる「仮面貴族ＦＩＥＳＴＡ」を計画する。特別な大

この試合のハイライトシーン。ドラゴンスリーパーを〝グリグリ〟で脱出しようとする

会だから、普段とは別の会場を選んだ。IGFの福岡国際センター、両国国技館という大会場に立つマスカラスさんを観て、僕としては精一杯背伸びをした大会場。マスカラスさんにとっては初来日第一戦の場所、プロレスの聖地、後楽園ホール。収容人数は新木場の5倍以上、僕にとっては覚悟のいる大会場だ。正直、それだけのお客さんがきてくれるか不安はあったが、僕にはどうしても後楽園ホールで開催したい理由が他にもあった。

それは、ハヤブサ（＝江崎英治）の存在だ。ハヤブサとは若手の頃からの付き合いで、彼がメキシコ修行中には現地を一緒に旅したこともある。まばゆいばかりの才能の持ち主で、未来は約束されているように見えた。

でも、そんなハヤブサを悲劇が襲う。2001年10月22日、後楽園ホールでの試合中のアクシデントで頸椎損傷の重症を負った。でもハヤブサは諦めなかった。最初は立つことすら叶わなかったのに、懸命なリハビリの結果、ひとりで10メートルも歩けるほど回復していた。

2011年はハヤブサにとって、あの事故からちょうど10年。僕はハヤブサが10年かけて歩けるようになったという奇跡をプロレス界に伝えたかった。そして大勢のお客さんにその奇跡を目撃してほしかった。だから、会場はどうしても後楽園ホールでなければならなかったのだ。

「仮面貴族FIESTA2011」は、僕の集大成ともいえる大会だ。出場選手には、〝特別な縁〟を感じたプロレスラーに集まってもらった。

〝ルチャ・エストレージャ〟メインイベントは、僕と〝縁〟のある選手たちが務めてくれた。

放送席にいたハヤブサをリング上から藤原組長が呼び込む

マスカラス&ドス・カラスのマスカラス・ブラザーズを筆頭に、天龍源一郎（大ハヤブサとして参戦）、初代タイガーマスク、グラン浜田、ウルティモ・ゲレーロ、藤原組長、佐々木健介、ザ・グレート・サスケ、新崎人生、エル・サムライ、タイガーマスク（4代目）、NOSAWA論外、CIMA、プリンス・デヴィット、愛川ゆず季、栗原あゆみ、岩谷麻優……。選手の中には、自ら出場したいと声をかけてくれる人もいた。「仮面貴族FIESTA」だからできた、夢の組み合わせだ。

2011年10月7日。後楽園ホールには満員のお客さんが集まった。謎のマスクマン、テロリスト〝F〟vs菊タローから始まる全6試合。メインイベントは、「ミル・マスカラス来日40周年記念試合」で、マスカラス・ブ

10年ぶりに後楽園ホールのリングに立ったハヤブサを僕らのオールスターズが取り囲む

ラザーズ＆初代タイガーマスクの豪華トリオが登場した。

全試合終了後、リング上でのエンディングには出場選手全員が参加した。すると藤原組長がマイクを握り、解説者席にいたハヤブサに呼びかけた。

「ハヤブサ、いるんだろう。リングに上がってこい！」

大歓声のなか、ハヤブサがリングに近づいてきた。選手たちはロープを広げたり、ハヤブサの脇についたりと、自然とサポートに回る。ハヤブサがリングに上がった。車椅子を使わず、自分の足で歩いている。ハヤブサがマットの中央にくると、マスカラスさんとドス・カラスが挟むようにして立ってくれた。ハヤブサにマイクが向けられる。突然のことに慌てていたが、さすがはプロレスラーだ。「このリングにはやっぱり夢が詰まっています。お楽しみはこれからだ！」、見事に締めてくれた。

場内に割れんばかりの拍手が鳴り響く。客席から「プロレス最高！」のコールが自然発生した。その様子をバルコニーから観ていて、僕は思わず感極まった。

僕の大会では、お客さんはもちろん、出場したすべての選手にもいい思いをして帰ってもらいたい。大会終了後の打ち上げで、選手はみな口々に「この興行に参加できてよかった」と言ってくれた。ＣＩＭＡ選手は「こんなにきれいな興行はないですよ」と何度も言ってくれた。マスカラスさんもとても満足そうにしていた。ハヤブサも喜んでいた。僕は理想の大会が実現でき、すべてをやりきったと思えたのだ。

それと同時に、僕は自分の中で一区切りついた気もしていた。プロレスカメラマンとして雑誌という媒体を失って以降、僕はプロレス界との関わり方を模索してきた。「仮面貴族ＦＩＥＳＴＡ」を開催したことで、思いがけずにそれは〝興行〟という形になったが、本来、僕は興行主には性格的に向いていない。自分が観たい選手、会いたい選手はすべて呼んできた。となると、そろそろ僕自身も、また別のプロレスとの関わり方を探す時期にきているのかもしれない。笑顔で溢れた打ち上げ会場で、僕はひとりそう思っていた。

〝聖地〟後楽園ホールで実現した〝仮面貴族〟&〝不死鳥〟のツーショット

名誉の殿堂「ホール・オブ・フェーム」

2012年3月末、僕はドス・カラスさんの息子であるアルベルト・デル・リオの結婚式に参列するために、アメリカのマイアミにいた。

アルベルトとは、彼がまだマスクを被っていた若手時代からの付き合い。友人として結婚式に招待してくれたのだ。

式には、マスカラス一族が集結した。マスカラスさんに会うのは、「仮面貴族FIESTA2011」以来だから約半年ぶりだ。身内しかいないプライベートな時間に加えてもらえたことは、この上ない幸せだった。

マイアミ滞在中には、結婚式のほかに2つのビッグイベントがあった。ひとつはWWEの式典「ホール・オブ・フェーム」の観覧。そして、もうひとつがその翌日に開催されるWWEレッスルマニアの観戦だ。

アルベルトは当時WWEの所属。レッスルマニアのチケットはプレミアム化していて入手が非常に難しいが、厚意でチケットを手配してくれた。用意されていたのは、選手の親族用のVIPチケット。選手と同じホテルの同じ階に宿泊し、ホテルから会場までの移動も選手と同じ

「ホール・オブ・フェーム」のマスカラスさん紹介VTRで『別冊ゴング』が映った

バス、という特別待遇だった。

レッスルマニアは、僕の想像を超えたビッグイベントだった。

たとえば、ホテルから会場まで移動する時、マイアミ市警のオートバイがバスを先導し、スムーズに運行できるよう途中で一般車両を停めて、ＷＷＥのバスの優先道路を作ることもあった。レッスルマニアの開催地となれば、その街も潤う。街をあげてイベントの成功に協力していることを強く感じた。

レッスルマニアの前日には、ＷＷＥの殿堂入りの祭典「ホール・オブ・フェーム」が行われた。この日に殿堂入りするのは、エッジ、ロン・シモンズ、ヨコズナ、ザ・フォー・ホースメン、マイク・タイソン、そしてミル・マスカラス。そう、マスカラスさんが殿堂入り

筆者が撮影した『週刊ゴング』1000号記念マスクの写真も使用された

フレアー、ローデス、マスカラス、アルベルト、シモンズ……凄いメンバーだ

「ホール・オブ・フェーム」の記念リングを翌日、ホテルの部屋で見せてくれた

するのだ。

ホール・オブ・フェームの式典が始まった。会場のビジョンにこれまでのマスカラスさんの功績をたたえる映像が映し出される。『別冊ゴング』だ。あっ、僕が撮影した『週刊ゴング』1000号記念マスクの写真も使われていた。

2012年は、ミスターゴング・竹内さんが亡くなった年でもあった。その年に行われたマスカラスさんの晴れの舞台に、『別冊ゴング』と僕の写真が華を添える。プロレスに関わってきて、こんなにうれしいことはなかった。

カメラマンにとって、一番重要なものはなにか。カメラマンの数だけ答えがあるかと思うが、僕が一番大切にしているのは、重要な場面に立ち会えるかどうかだ。一瞬のシャッターチャンスの場にいられるかどうか、そこにいることを許されるかどうか。僕はマスカラスさんのおかげで、たくさんのその一瞬に立ち会うことができた。

ファンの時代に初めてお会いしてから、約40年。プロとして一緒にお仕事をさせてもらうようになって30年。これまで数え切れないほど写真を撮ってきたが、マスカラスさんはいつまでも被写体として新鮮さを失わない。時間が許す限り、いや永遠に。僕はこれからもマスカラスさんを撮っていきたいと思っている。そのためには、また〝僕たち〟でその舞台を作らねばならないと思っている。まだまだご恩は返せていない。

【第二章】

〝永遠のヒーロー〟テリー・ファンク

初めて試合を生観戦したプロレスラー

テリー・ファンクは、僕にとって永遠のヒーローだ。

その姿をテレビで初めて観た時から、現在に至るまで。その気持ちは一度も変わったことがない。僕はテリーさんを通じて、プロレスの面白さ、素晴らしさを知った。

思い返してみると、僕が会場でプロレスを観るようになったきっかけも、テリーさんだった。

1979年の全日本プロレス・世界最強タッグ決定リーグ戦の最終戦（12月13日、蔵前国技館）。僕は当時小学6年生で、テレビの中継で観て以来、テリーさんに夢中だった。それを知っていたプロレス好きのいとこが観戦につれていってくれたのだ。

メインイベントは、ファンクスvsブッチャー&シーク組の優勝決定戦。執拗な凶器攻撃でボロボロにされながらも、テリーさんは兄ドリーを救うために〝最凶悪コンビ〟に果敢に立ち向かった。テリーさんの奮闘もあり、ファンクスは見事に優勝する。僕は生のプロレスの迫力に圧倒されつつも、必死にファンクスに声援を送った。

この大会には、後にテリーさんと同じくらい特別な存在になるマスカラス・ブラザーズも出場していた。僕はこれまで数え切れないほどの試合を生で観てきたが、その最初がテリーさん、

【テリー・ファンク】1944年6月30日生まれ。アメリカ・インディアナ州ハモンド出身。テキサス州アマリロ育ち。父・ドリー・ファンク・シニアの指導のもと1965年にデビュー。兄のドリー・ファンク・ジュニアとのタッグ“ザ・ファンクス”でもおなじみ。

マスカラス・ブラザーズだったというのは、不思議な〝縁〟を感じてしまう。

ファンサービスの達人

蔵前国技館での初観戦以来、僕は足繁く会場に通うようになった。

マスカラスさんのサインをもらって以来、僕は選手のサインをコレクションするようになっていた。当時、どうしても欲しかったのがテリーさんのサインだった。テリーさんはファンサービスに熱心で、サインを持っているファンは大勢いた。でも、僕はなかなかその機会に巡り会えなかった。

そこで後楽園ホールに試合を観に行った時、思い切ってテリーさんを〝入待ち〟することにした。選手はホール裏の搬入口から会場入りする。試合開始前からそこで張っていれば、テリーさんに会えるのではと思ったのだ。しかし、前座の試合がはじまってもテリーさんはやってこない。それでもしつこく待っていると、選手バスの運転手さんが声をかけてくれた。

「誰を待っているの?」と聞かれたので、「テリーさんです」と答えた。するともうテリーさんは中に入っているという。僕がよほどがっかりしていたのだろう。運転手さんは「サインが欲しいんだったら、ホテルにいってみたら。テリーは〇〇ホテルに泊まっているから行けば会

引退試合の年の1983年のサインには必ず〝Sayonara 83〟と添えられていた

えるよ」と教えてくれた。当時は大人が寛大だった時代。いまなら考えられないが、こういうことはよくあったのだ。

次の休日、教えられたホテルに行くと本当にテリーさんがいた。ロビーにはテリーさんに会いにきたファンがたくさんいたが、テリーさんは一人ひとりに丁寧にサインをしていた。僕もサインをしてもらい、写真を撮らせてもらった。とても丁寧にサインを書いてくれ、カメラを向けると笑顔でしっかりレンズを見てくれた。僕は嬉しくなって、何度もテリーさんに会いにいった。

テリーさんはファンサービスの達人で、サインにはいつもメッセージ性のあるコメントが書き添えてあった。たとえば、僕が撮ったテリーさんがハンセンにスリーパーをかけて

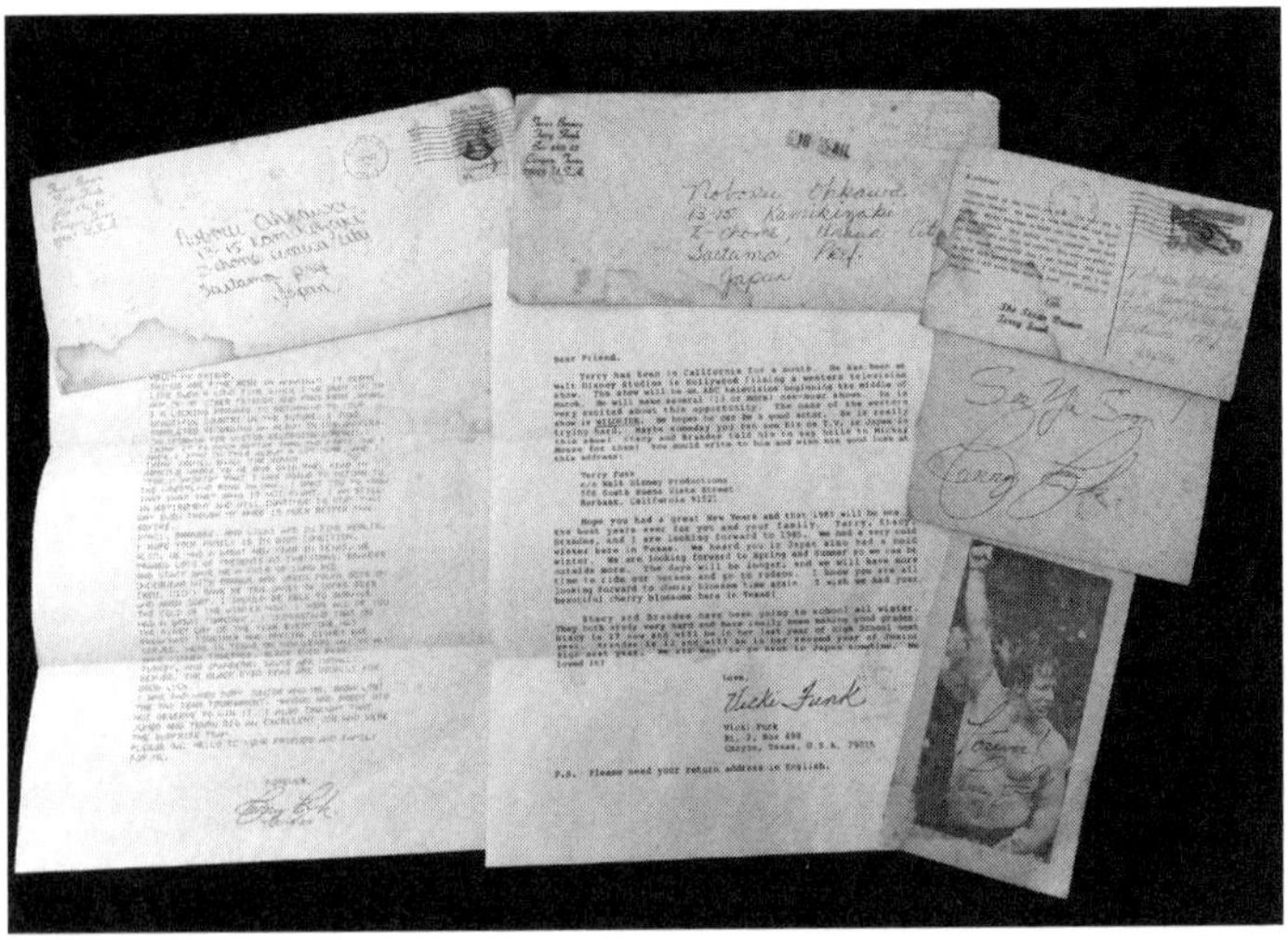

アマリロから埼玉県の実家に届いたテリーさんの手紙とハガキ。今見ても感動する。

いる写真にサインをお願いした時、テリーさんは「おやすみ、ビッグ・スタン」とおしゃれなコメントを書いてくれた。僕が野球をやっていてファーストを守っていると話したら、「君はいい一塁手になると思う」と応援の言葉を書いてくれたこともある。テリーさんはそれを僕だけでなく、大勢のファンにしてくれていた。そんなことをされたら、好きにならない方が難しい。

雑誌に載っていたアメリカの住所にファンレターを送ると、テリーさんや奥さんのビッキーさんのサインが入った手紙が届いた。手紙の文面はタイプされたものだったが、住所やサインは手書きだった。おそらく全国から莫大な数のファンレターが届いていたはず。一枚一枚返事を出すなんて、これはもの凄い

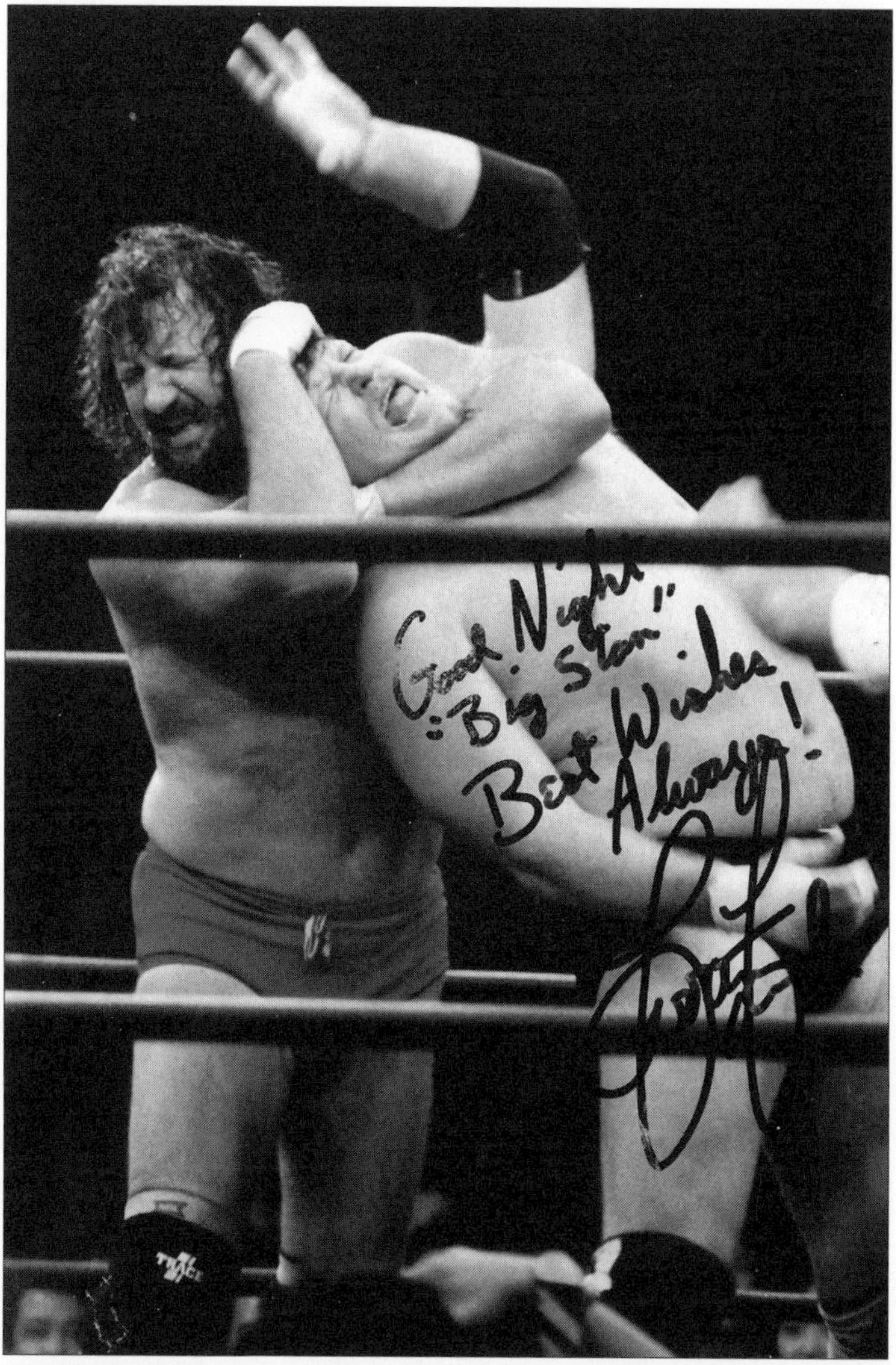

自分が撮った写真にサインをいただく。これは気づくと、プロになった後もやっていた。
「Good Night 〝Big Stan〟（＝おやすみ、ビッグスタン）」のコメントが光る！

ことだったと思う。

1980年、テリーさんは3年後の自分の誕生日に引退することを表明する。僕は現役のテリーさんの勇姿を目に焼き付けるために、テリーさんをますます追いかけるようになった。引退試合（1983年8月31日、蔵前国技館）はもちろん観に行ったし、引退試合の当日、新潟巡業から東京に戻ってきた姿も上野駅で撮影している（95ページの写真）。

僕の手元には、いまでもテリーさんのサイン色紙や写真、手紙がたくさん残っている。そこに書かれたコメントやテリーさんの笑顔を見ると、その時々の嬉しかった記憶が鮮明に蘇ってくる。サインや写真は憧れのテリーさんと一緒の時間を共有できた証拠のように思えるのだ。

〝オフ・ザ・リング〟のテリー・ファンク

1987年に『週刊ファイト』のカメラマンになった。テリーさんはその時期、全日本プロレスに参戦していた最後の頃で、僕はプロとしてテリーさんを撮影することになった。だが、意外にも試合以外のテリーさんの写真はほとんど残っていない。ファン時代はあれだけ好きだったのに、プロになってからは接点がほぼなかった。

それは『週刊ゴング』に移籍しても変わらなかった。テリーさんはＩＷＡジャパンやＦＭＷ

『週刊ファイト』時代に撮影した、全日本プロレス日本武道館大会・試合直前のファンクス

などに参戦し、全日本プロレス時代とは違ったハードコアなレスリングを繰り広げるようになる。アメリカではもともとそういったスタイルで闘っていたことは知っていたが、50歳を過ぎてムーンサルトを使い始めた時には度肝を抜かれた（口絵7ページ、左下写真）。

テリーさんが来日するたびに、僕は会場に行き、試合の写真をたくさん撮った。でも、マスカラスさんとは違って、出番前にテリーさんに目線をもらって写真を撮らせてもらうことはまったくなかった。

僕の考えだが、そこにはメキシコ人レスラーとアメリカ人レスラーのスタンスの違いがあるような気がする。メキシコ人レスラーは、凝ったマスクやコスチュームを身に着ける選手が多い。彼らは試合前が一番見栄えがいいことを知っているので、その状態を写真に残しておこうとする。だから、僕らも試合前に写真を撮りやすい。

一方、アメリカ人のレスラーは出番前、ピリピリしていることが多かった。ファンの前ではいつも笑顔なので意外に思うかもしれないが、テリーさんもそうだった。出番前、戦闘モードに入ると周囲の空気が変わるほどで、「テリーさん、1枚撮らせてください」など、とても言えた雰囲気ではなかった。

そんな僕も一度だけ、テリーさんの出番前の写真を撮れたことがある。

アメリカで行われたファンフェスで、テリーさんが試合をした。その出番前、いまだったら

IWA JAPAN川崎球場大会、白馬に乗って現れた〝グレート・テキサン〟テリー・ファンク

FMWに参戦するようになると、場外ムーンサルトからミスター・ポーゴばりの火炎噴射まで、まさにハードコアレスラーに。

AAAのロサンゼルススポーツアリーナ大会に姿をみせたテリーさんは、日本でのシークの火炎攻撃で受けた大ヤケドの痕をわざわざ包帯を外して撮らせてくれた。〝遺恨再燃〟

撮影させてもらえるのではないかと、思い切ってお願いしてみたのだ。

テリーさんは控室で膝の上に組んだ手を置いて、静かに集中していた（口絵7ページ、左上写真）。レンズを向けたが、正面からカメラを見ようとしない。昔のレスラーはストロボが目に直接当たらないように、カメラを直視しないで、少し上を向くことが多い。

テリーさんは撮影を承諾し、僕のためにポーズをとってくれた。だが、そうして撮った写真には、どこか撮影を歓迎しない雰囲気が漂っていた。やはり、出番前の時間はテリーさんにとって聖域だった。僕はテリーさんの厚意に感謝しつつも、二度とその聖域を侵すまいと心に誓ったのだった。

アマリロの引退試合

1997年9月11日、テリーさんが地元のテキサス州アマリロで記念大会を開催することになった。

この年は、ファンクス・ファミリーがアマリロに移り住んでちょうど50年に当たるらしく、〝ファンクス・ファミリー・アマリロ50周年〟を記念して、テリー・ファンクのアマリロ引退試合をやるという。メインイベントはテリー・ファンクvs当時〝WWF世界ヘビー級チャンピオン〟だったブレット・ハートとのシングルマッチ。ハヤブサや田中将斗などＦＭＷ勢も出場するとあって、日本からも『週刊ゴング』や『週刊プロレス』が取材にいくことになった。当時、僕は会社を辞めることが決まっていた。他ならぬテリーさんの記念大会、アマリロには絶対行きたかったが、僕が指名されることはないと思っていた。

しかし、編集長だった小佐野さんが意外なことを言ってくれた。

「竹内さんが、大川がアマリロに行きたいなら行かせてやれ、って言っているけどどうする？」

素直に嬉しかった。でも、僕が行くことになったら会社に残る他のカメラマンはどう思うのだろうか。僕がそのことの不安を口にすると、小佐野さんは「竹内さんがそう言っているんだから、行きたいなら行っていいよ」と背中を押してくれた。僕はありがたく、アマリロに行かせてもらうことにした。

テリーさんの自宅を訪問するのは、マスカラスさんの自宅に行くのと並ぶ、僕の大きな目標のひとつ。『週刊ゴング』を辞めて、フリーランスのカメラマンになる節目の時に、「マスカラスとテリーの家に行く」という子どもの頃の夢を実現できたのは幸運だった。

日本から飛行機を乗り継ぎ、アマリロに向かう。大会当日、試合前に会場を訪れた。テリーさんの姿を見つけたが、興行主だから忙しい。あいさつ回りや会場の設営でずっとバタバタしていて、コメントをとることすらできない。

会場となったマクソー・ファーマシーズ・トライステイト・コロシアム

試合当日に開場前で開催されたテリーさんのサイン会、長蛇の列ができた。

そうこうしているうちに大会がはじまった。ロデオでもやりそうな土のグランドが印象的な会場に、5600人もの観衆が集まった（主催者発表）。WWFからはブレット・ハート、マンカインド、ECWからはサンドマン、日本からは先ほど挙げたハヤブサ、田中将斗のほか、新崎人生、W☆ING金村なども参戦した。

サブゥーvsマンカインド、セミファイナルのハヤブサ&田中将斗&新崎人生vsヘッドハンターズ&ジェイク・ロバーツが終わり、メインイベント。いよいよ主役の登場だ。

試合に先立ち、セレモニーが行われた。テリーさんを中心に、ドリーさんや奥さん、娘さんなどファンクスファミリーがリングに上がる。ECWのプロデューサー、ポール・ヘイマンやWWF海外相談役だったビクター・キニョネスなど、関係者から祝福を受ける。

そして試合が始まった。ブレット・ハートは当時39歳。現役のWWF世界ヘビー級チャンピオンで、いわば現代プロレスのスーパースターだ。対するテリーさんは、当時53歳。この試合の模様を収めた映画『ビヨンド・ザ・マット』でも描かれていたが、膝に故障を抱えており、満足に歩くことすらできない満身創痍の状態だった。

しかし、リングに上がるとテリーさんは躍動する。試合は想像を超えた熱戦になった。椅子を使った攻撃、場外へのダイブ、お互いが死力を尽くした試合に会場は熱狂した。

翌日、テリーさんの自宅でパーティーが開かれ、僕たち日本のマスコミも招待された。無限

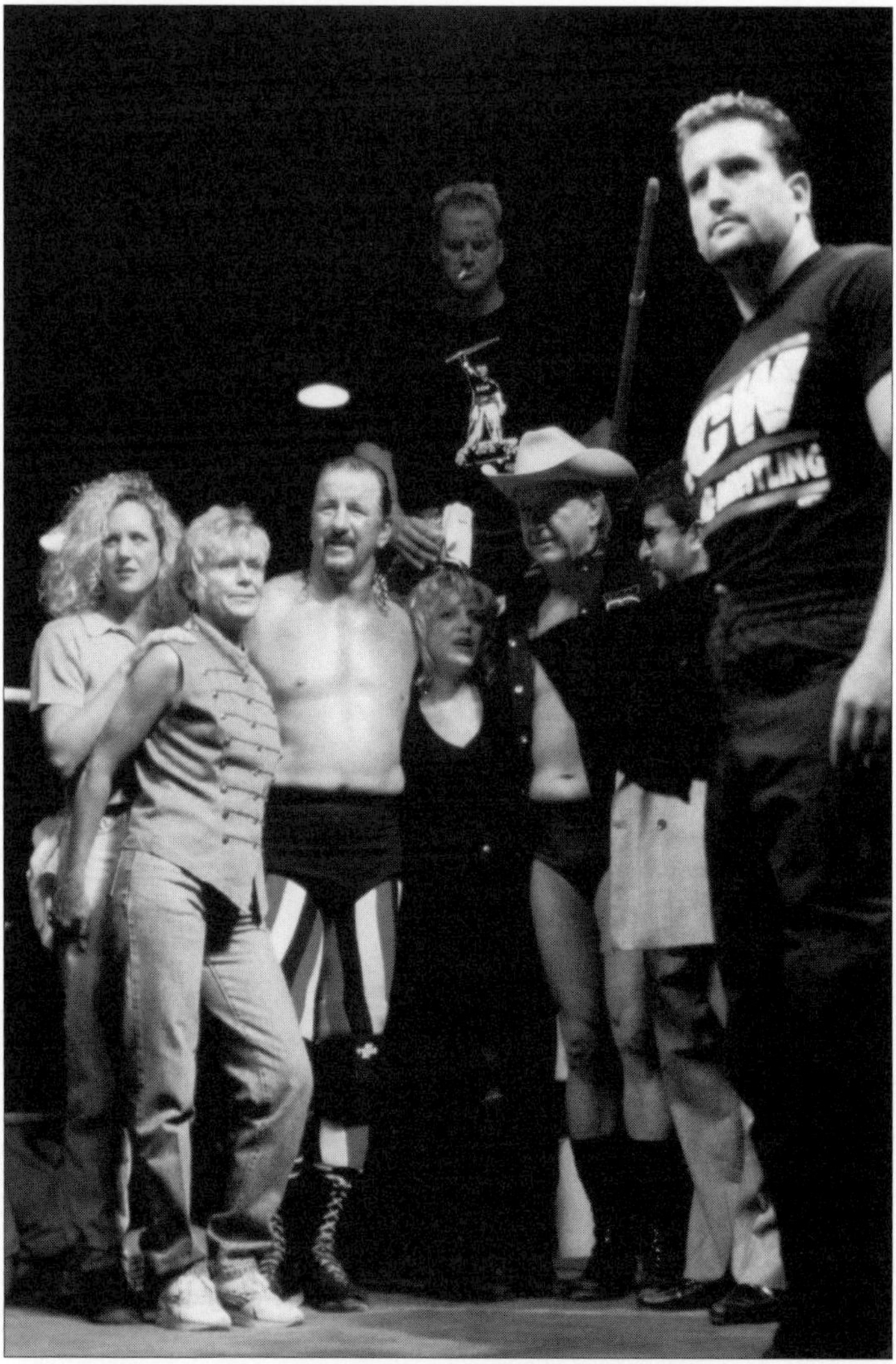

試合直前のセレモニーには〝ファンクスファミリー〟が勢ぞろい。
サンドマン、キニョネス、ドリーマーの姿も……。

試合終盤、勝負に出たテリーさんは、場外のテーブルのブレットめがけて、決死のダイブを敢行。直前でかわされるも、ハードコアファイトを披露した。

右のジャブの連打から、左のストレート！

〝伝家の宝刀〟スピニング・トーホールドでも試合は決まらず

に続くような広大な平原。そのすべてがファンクス・ファミリーの牧場なのだという。これぞアメリカといったスケールの大きさに驚かされる。

しかし、この日もテリーさんにはなかなか会えない。僕らマスコミ一行は、なぜかテリーさんの自宅で数時間の待機という贅沢な状況に。テリーさんはあいさつ回りで忙しいらしく、待てど暮らせど現れなかった。暇を持て余したので部屋に飾ってあったＥＣＷのベルトを拝借し、『週プロ』のカメラマンと記念写真を撮り合って時間を潰し、テリーさんが現れるのを待った。

3時間ほど経った頃、ようやくテリーさんが戻ってきた。それを合図に、牧場でバーベキューパーティーが始まった。テリーさんは大役を終えてとてもリラックスしているようでカメラを向けると快く写真撮影に応じてくれた。大自然の中、穏やかな表情で並ぶファンクス。ファインダーの向こうには、憧れの世界が広がっていた。僕は夢にまで見たこの空間にいられる喜びに胸をいっぱいにしながら、シャッターを切った。

レジェンドたちのツーショット

フリーのカメラマンになった後も、テリーさんとの〝縁〟は続いた。

アメリカやメキシコでは、レジェンドを主役にしたイベントがよく行われている。海外の

大仕事を終え、家族団らんでリラックスするファンクス・ファミリー

ファンはレジェンドレスラーたちへのリスペクトがあるので、有料イベントが多数開催されている。好きな人だけが集まる、大人のための空間だ。

2009年、僕は女子プロレスラー・風香の引退記念写真集を撮影するために、メキシコにいた。日本から同行したのは、風香本人とロッシー小川さん。有名観光地のカンクンで水着撮影し、ついでメキシコシティに移動。ルチャの興行に参加して、試合の模様なども撮った。ちょうどその頃、メキシコでは〝ルチャ・ファンフェスト〟が行われていた。主役のレジェンドは、ミル・マスカラスとテリー・ファンク。それを聞いたら、参加しないわけにはいかない。

〝ルチャ・ファンフェスト〟はこじんまりとした会場でやることが多いが、メキシコシティの会場はシルコ・ボラドールという大きめのライブハウスだった。日本からは獣神サンダー・ライガーさんも参加していた。マスカラスさん、テリーさんはやはり大人気で、サイン待ちのファンで長い行列ができている。

行列が落ち着くと、マスカラスさんは早くも帰り支度を始めた。僕はそれを慌てて止めた。

「テリーさんと一緒に写真を撮らせてください」

レジェンド2人が揃う機会はなかなかない。僕は大好きな2人のツーショットをどうしても撮りたかった。マスカラスさんは、テリーさんの名前を聞くと目を細めた。

「おお、オレのボーイはどこにいるんだ?」

海の向こうのメキシコシティで実現したスーパースターズの４ショット

ロサンゼルスのサイン会では、マスカラスブラザーズ＆テリー・ファンクという
僕にとっての夢のスリーショットの撮影に成功！

マスカラスさんをテリーさんのもとにナビゲートし、2人ならんで写真を撮らせてもらう。こういうツーショット写真は簡単に撮っているように見えるかもしれない。でも、待っているだけではものにはできない。〝行動〟をしたからこそ、撮れる写真だ。

まさかのツーショットの実現にファンからどよめきの声が上がった。2人はとてもいい顔で笑っている。僕は記念撮影係になり、ライガーさんや風香、ロッシー小川さんとの写真を次々と撮影していく。でも、僕は自分も一緒に撮ってもらおうとはまったく考えなかった。2人の笑顔を見ているだけで、僕は満足だったからだ。

断られたサイン

イベントの後、主催者の計らいで、テリーさんと一緒にメキシコシティを観光させてもらった。テリーさんは陽気で、ファンの時代に接していたままだった。僕は嬉しくなって、いろいろな写真を撮らせてもらった。

だが、そんなテリーさんが急に真顔になった瞬間があった。観光を終えて、空港へと向かう車中、日本のマスコミへと話題が及んだ。その時、テリーさんは真剣な表情になって、日本のプロレスマスコミのあり方に苦言を呈したのだ。

〝ルチャ・ファンフェスト〟の翌日、メキシコ観光で
〝Mucho sol〟（たくさんの太陽）を浴びて、リラックスした表情のテリーさん

僕は意外だった。テリーさんはマスコミにとても協力的だったし、日本のマスコミとはいい関係が築けていると思っていた。プロレスラーとマスコミはある種の共存関係にある。マスコミにとってレスラーが大切な取材対象であるのと同様、プロレスラーもマスコミに報じてもらうことで自分の価値が上がる。しかし、当たり前のことだが、共存関係にあるからと言って、〝何をやっても許される〟というわけではない。

後年、僕は偶然にもテリーさんが〝拒絶する〟場面を目撃している。

ある年にロサンゼルスで行われたファンフェスに参加した時のこと、テリーさんのもとに日本のとあるマスコミがサインを求めにやってきた。彼は「日本のファンのプレゼント用にサインをください」とグッズを出したが、テリーさんは「I can't」と言って書かなかった。

僕は最初、冗談で言っているのではないかと思った。なぜなら小学生の頃から、テリーさんがサインを断る姿を見たことがないからだ。

だが、いまならその理由もわかる。テリーさんには、そのマスコミが本当に日本のファンのためにサインを欲しがっているように見えなかったのだろう。

マスコミは一般のファンに比べ、プロレスラーと近い距離で接することができる。だが、こちらがどのような態度で接しているのか、選手は想像以上によく見ている。

〝近くにいることが許されているからといって、思い上がってはいないか〟

あの日のテリーさんの姿を見て、僕は改めて身が引き締まる思いがした。

そこにいられることの幸せ

僕の盟友のひとりに、NOSAWA論外というプロレスラーがいる。

僕よりも一回り下の世代だが、外国人レジェンドが大好きで、メキシコに修行に行くくらいルチャも好き。人脈もあって、スペイン語もでき、なによりお客さんを喜ばせることが好きなので、一緒に組んでレジェンドを呼ぶ興行をたくさんやってきた。

その論外が2014年の年の瀬に特別なプレゼントをくれた。12月14日に後楽園ホールで行われた東京愚連隊の自主興行「TOKYO DREAM 2014」。メインイベントは論外が出場する6人タッグマッチ。マスカラスさんとテリーさんがまさかのタッグを組んだのだ（もうひとりは船木誠勝）。この2人が同じコーナーに立つのは初めてではない。だが、前に組んだ時は僕は取材していないので、実際に自分の目で観るのは初めてだ。

試合当日、テリーさんは飛行機のトラブルで到着が遅れていた。僕はマスカラスさんをお世話するために一緒に控室にいた。第1試合が始まった頃、控室のドアが開いた。テリーさんの到着だ。マスカラスさんが声をかけると、テリーさんは笑顔で手を差し出した。

僕の２大アイドルが揃った夢の空間。昔話に花が咲いた。

飛行機トラブルの影響もみせず、テリーさんもこの笑顔

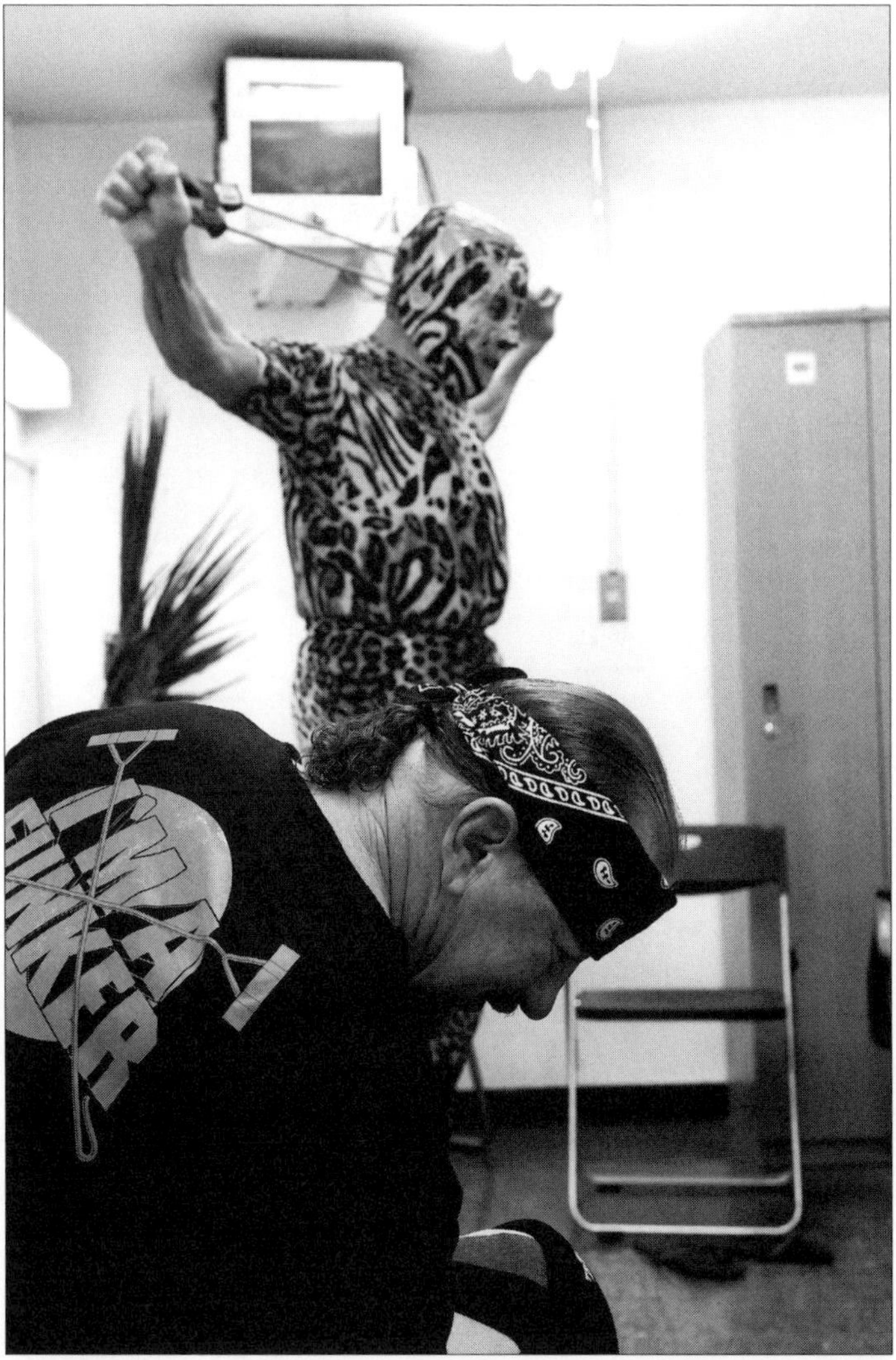

試合が近づくと、アップも入念になり、表情も凛々しくなっていくのがわかる。

この時に控室にいたのは、マスカラスさんとテリーさん、そして僕の3人。2人の邪魔にならってはいけないと出ていこうとしたら、マスカラスさんが「お前はいていい」と手で制した。

2人は試合の準備をしながら、談笑している。

「いいか、大川。オレたちの時代はな……」

マスカラスさんは上機嫌で、特別な話をしてくれる。テリーさんも笑ってそれを聞いている。

僕が2人の姿をぼんやり眺めていると、テリーさんがカウボーイ風のコスチュームを手に声をかけてきた。

「着るのを手伝ってくれないか」

僕は喜んでコスチュームやリングシューズのヒモを結んだ。そして次にマスカラスさんのマスクのヒモの最後を結ばせてもらった。

その頃になると、控室の外には出場選手や関係者が大勢集まっていた。

みんな2人と写真が撮りたいのだ。

準備が終わったところで、2人の許可をもらって控室の外で記念撮影を開始した。まずはプロモーターの論外から。僕は撮影係を引き受け、スクリーンを引いて写真を撮った。2人と一緒に写真を撮りたいという選手や関係者が次から次へとやってくる。僕はカメラを構えながら、テリーさんのことが気になっていた。

小学生の時からの憧れのおふたりとの夢のスリーショット。
感無量とはこのことだった。〝Gracias, Nosawa !〟

テリーさんは出番前に邪魔をされることを好まない。これだけ次々と撮影をお願いして、気分を害してはいないだろうか。

出番が近づいてきたので、撮影を打ち切った。僕もメインイベントを撮影するために、会場に向かおうとした。するとマスカラスさんが僕に声をかけてくれた。

「3人で写真を撮ろう」

テリーさんも笑顔で隣にくるように促してくれた。

ファンフェスの時もそうだったが、僕は2人が一緒にいるのを見ているだけで満足だった。でも、本当のことを言えば、僕は誰よりも2人と一緒に写真を撮りたかった。2人にはそんな僕の気持ちはお見通しだったのだ。

少年時代に僕をプロレスの道へと誘ってくれた憧れの2人。

あれから何十年も経て、こうして3人で並んでいることの奇跡。

この時に撮った写真は、いまでは僕の一番の宝物になっている。

【第三章】全日本プロレスの外国人レジェンド

アブドーラ・ザ・ブッチャー

Abdullah the Butcher

新人カメラマンへの洗礼

思い返すと『週刊ファイト』は、プロレスマスコミの専門学校のような雰囲気があった。とにかく人数が少ないので、なんでもやらされた。僕も入社してすぐに撮影に駆り出されたし、雑用など本来の業務と離れた仕事もたくさんこなした。『週刊ファイト』で経験を積み、他の会社に移籍していくのがひとつのルートのようになっていた。

そんな中で記憶に残っているのが、ブッチャーの撮影だ。

あれは入社した直後だった。上司のフランク井上さんが「ブッチャーと一緒に浅草に行って、写真を撮ってこい」というのだ。撮影スタッフは、僕ひとりだという。

僕は当時、二十歳の新人カメラマンで英語もほとんどしゃべれない。そんな状態ではたしてブッチャーと浅草へ行き、いい写真が撮れるのか。不安だったが、上司の命令には逆らえない。

【アブドーラ・ザ・ブッチャー】1941年1月11日生まれ（生年は諸説あり）。カナダ・オンタリオ州出身。スカウトされてモントリオール州で1961年にデビュー。1970年に日本プロレスに初来日して以降、歴代外国人レスラーとしては最多の来日回数を誇る。

当日、約束の時間に宿泊先のホテルまでブッチャーを迎えにいった。時刻は朝の7時。早朝からの撮影なので、機嫌がいいわけがない。それでもなんとか浅草までアテンドして、写真を撮り始めた。やはりブッチャーは大スター、道行く人が足を止めて集まってきた。僕がもたもたしていると、ブッチャーが「早く撮れ！」と、怖い顔で何度もアピールしてきた。

なんとか撮影を終え、ブッチャーをホテルまで送り届けた。お礼を言って帰ろうとすると、部屋までついてこいと言う。そうして部屋のドアの前で待たされること数分、ブッチャーが飲みかけのウイスキーのボトルを片手に出てきた。そして、そのボトルを「持って帰れ」といってその場でサインを書き、僕に渡してくれた。

いま思うと、あれはブッチャーなりの〝新人カメラマンへのねぎらい〟だったのかもしれない。リングを下りたブッチャーはサービス精神が旺盛で、ユーモアに溢れた人だ。浅草での「早く撮れ！」のジェスチャーも、僕をあえて焦らせようと、からかい半分にやったことだったのだろうと思う。

実際、この撮影後、ブッチャーは僕のことを覚えたようで、会場で「ハーイ！」「カモン！」などと声をかけてくれるようになった。また、巡業中に空港などで会うと「ここで写真を撮らせてやる！」とポーズをとってくれるようにもなった。

ちなみに、あのウイスキーのボトルだが、34年経ったいまでも僕の事務所に飾ってある。黒

全日本プロレスのリングでは、存在感が抜群だった

30年以上前にいただいた直筆サイン入りのSuntory Reserveのボトル

い「サントリー・リザーブ」のボトルに、ピンク色のペンで書かれた「BUTCHER」の文字とあの日の日付「1987.12/10」。忘れられない思い出の品だ。

伝説の『血祭り』の裏側

2010年7月18日、僕は新木場1stRINGで特別な興行を開催した。題して「BUTCHER FIESTA～血祭り2010～」。ブッチャーの来日40周年を祝う記念興行だ。きっかけはNOSAWA論外の一言だった。

いつものように今度はどんなレジェンドを呼ぼうかと話していたら、論外が「ブッチャーさんの興行をやってあげてくださいよ」と言ってきたのだ。僕が「そのうちね」と言ってお茶を濁そうとしたら、論外に「そのうちじゃ、死んじゃいますって！」と言われてしまった。この一言で「血祭り」の開催が決定。彼は僕の動かし方を熟知している。

ブッチャーとの交渉には論外とロッシー小川さんにも同席してもらったが、いざ契約を結ぶという段階になって、ブッチャーが「彼（僕のこと）と2人だけにしてくれないか」と言ってきた。

2人になると、ブッチャーは真顔で僕に言った。

「オレは日本のマスコミは信用してない。オマエは大丈夫なんだろうな?」

林リングドクターのパーティーに飛び入り参加し、美声を披露した

いつも陽気にマスコミと接しているブッチャーの口から、こんな言葉が聞かれるとは意外だった。僕が誠意を持って「大丈夫です」と答えると、ブッチャーはようやく表情を和らげて、契約書にサインをしてくれた。話の最後、ブッチャーは僕に向かって真剣にこう言った。

「いいか、お前はこの業界の誰のことも信用するなよ」

とてもシリアスな表情だったのが、いまでも印象に残っている。

『血祭り』のメインイベントは、アブドーラ・ザ・ブッチャー、鈴木みのるvs藤原喜明、NOSAWA論外に決定。ブッチャーと鈴木選手は全日本プロレスでタッグを組んでおり、鈴木選手のことをブッチャーが「シャチョー、シャチョー」と呼ぶなど、とてもいい関係だったからだ。

相手は藤原組長と論外にお願いした。当時、藤原組長と鈴木選手は少し疎遠になっている時期だった。この興行をきっかけにまた交流が生まれたら最高だと思ったのだ。

今回は新しい試みとして、全席パンフレット付きにした。試合開始前、僕がパンフレットの準備をしていると、ブッチャーがふらりと現れた。

「何をやっているんだ？」と聞かれたので、「無料のパンフレットを用意しているんです」と答えると、「フリー!? お前は何を言っているんだ？」と驚かれてしまった。

「今日くる客が全員これを買ったら、いくらになると思うんだ。お前は本当にクレイジーだ」

ブッチャーは呆れながらも、「コイツは面白いことをやるな」と思ってくれたのか、ニコニコ笑っていた。

『血祭り』の名前の通り、メインイベントはフォークやビニール傘が飛び交う流血戦となり、15分を超える熱戦となった。最後はブッチャーが毒針エルボーで論外から3カウントを奪った。

試合後は、フィエスタシリーズ恒例の出場選手が揃っての記念撮影。しかし、ブッチャーはすでにリングを下りていた。腰の状態が悪いこともあって「リングに上がれない」とリング下でブッチャーが言っている。その時に手を貸したのが、藤原組長と鈴木みのるの師弟コンビだった。

鈴木＆ブッチャー組は絶妙なコンビネーションで、文字通り、論外を血祭りにあげた

ブッチャーは藤原組長のことを「シューター、シューター」と呼びながら記念撮影

ブッチャーがリングに上がると、鈴木みのるがマイクを持った。

「このオヤジよ、リングに上がるのもやっとだけど、もう70超えてるんだぜ。俺らと戦って血を流してよ。日本人じゃないけど、日本が誇る世界のアブドーラ・ザ・ブッチャーだよ。もう一回、ブッチャー・コール！」

場内はブッチャー・コールに包まれた。

大会終了後の、恒例になっていた打ち上げでも、いいシーンを見ることができた。ブッチャーを中心に、藤原組長と鈴木選手が言葉を交わしていたのだ。

この大会をきっかけに、僕の店『DEPO MART』でブッチャーのシンボルでもある凶器シューズを扱うことになり、人気商品になった。その後、ブッチャーと再会したのは、

ブッチャーの凶器シューズ。僕の店の人気商品になった。

2012年。ロサンゼルスで行われたイベントのサイン会で偶然会ったのだが、その時も僕を見つけるなり、「オマエがくると知っていたら、リングシューズを持ってくればよかった」といたずらっぽく笑っていた。

いまのところ最後に会ったのは、2019年2月19日に両国国技館で行われた『ジャイアント馬場没20年追善興行～王者の魂～』。この大会では、馬場さんのライバルだったブッチャーの引退セレモニーが行われた。控室で挨拶させていただいた時に、今度は僕から「リングシューズ、持ってきていただけましたか?」と言った。

そうしたら、ブッチャーはとびきりの笑顔を見せて、ウィンクをしてくれた。また、あの笑顔に会いたい。

ブルーザー・ブロディ — Bruiser Brody

静と動の雰囲気に魅了されて…

チェーンを振り回しての荒々しい入場シーン、しかし実際は〝インテリジェント・モンスター〟とも称された緻密なレスリング理論の持ち主で、リングを下りると物静かな紳士になる。そんな〝静と動〟を併せ持つブロディが、僕は大好きだった。

ファン時代の思い出といえば、やはり〝運命の移籍〟だろう。

1985年3月21日の新日本プロレスの後楽園大会、僕は偶然、あの場に居合わせていた。当時、全日本プロレスのファンだった僕が、〝運命〟に引き寄せられるように、後楽園大会に行き、東側のバルコニー席でカメラ片手に観戦していたのだ。

この日のメインイベントは、アントニオ猪木vsハクソー・ヒギンズ。猪木さんが先に入場し、リング上でヒギンズを待っていると、突然、ベートーベンの「運命」が流れ、南側の扉からスー

【ブルーザー・ブロディ】1946年6月18日生まれ。アメリカ・ミシガン州出身。プロアメリカンフットボール選手、新聞記者などを経て1973年にデビュー。全日本プロレス、新日本プロレスで活躍したがプエルトリコで不慮の死を遂げる。1988年7月17日没。

ツ姿のブロディがさっそうと現れた。

その時の衝撃は今も忘れられない。ブロディはこの数日前に全日本プロレスの試合に出場していたのだ。夢にも思わない、まさかの移籍。場内が騒然とする中、僕は期待感で大興奮だった。

ちなみに、移籍後最初の猪木さんとのシングルマッチ（1985年4月18日、両国国技館）も僕は現地で観戦している。僕が当時よく写真を投稿していた写真投稿誌の記者の方が、僕がアントニオ猪木vsブルーザー・ブロディ戦を撮影しているところを密着取材してくれた。後にこの記者の方の勧めで、僕はプロレスカメラマンを目指すことになる。

シャッターチャンスは一度だけ

『週刊ファイト』に入社すると、プロとしてブロディを撮影するチャンスが巡ってきた。

1988年3月27日の全日本プロレス日本武道館大会、編集部からおつかいを頼まれ、控室のブロディに荷物を届けにいったのだ。ジャンボ鶴田さんとインターナショナルヘビー級王座をかけた大一番の前、さすがに写真を撮るのは難しいかと思ったが、荷物を受け取ったブロディが運搬用台車のフレームにもたれかかった。僕は直感で、ブロディが画作りをしてくれて

後楽園ホール南側の扉からチェーンにスーツ姿のブロディが現れた！

超一流同士が対峙した〝運命〟の瞬間。セコンドには若き日の蝶野正洋。

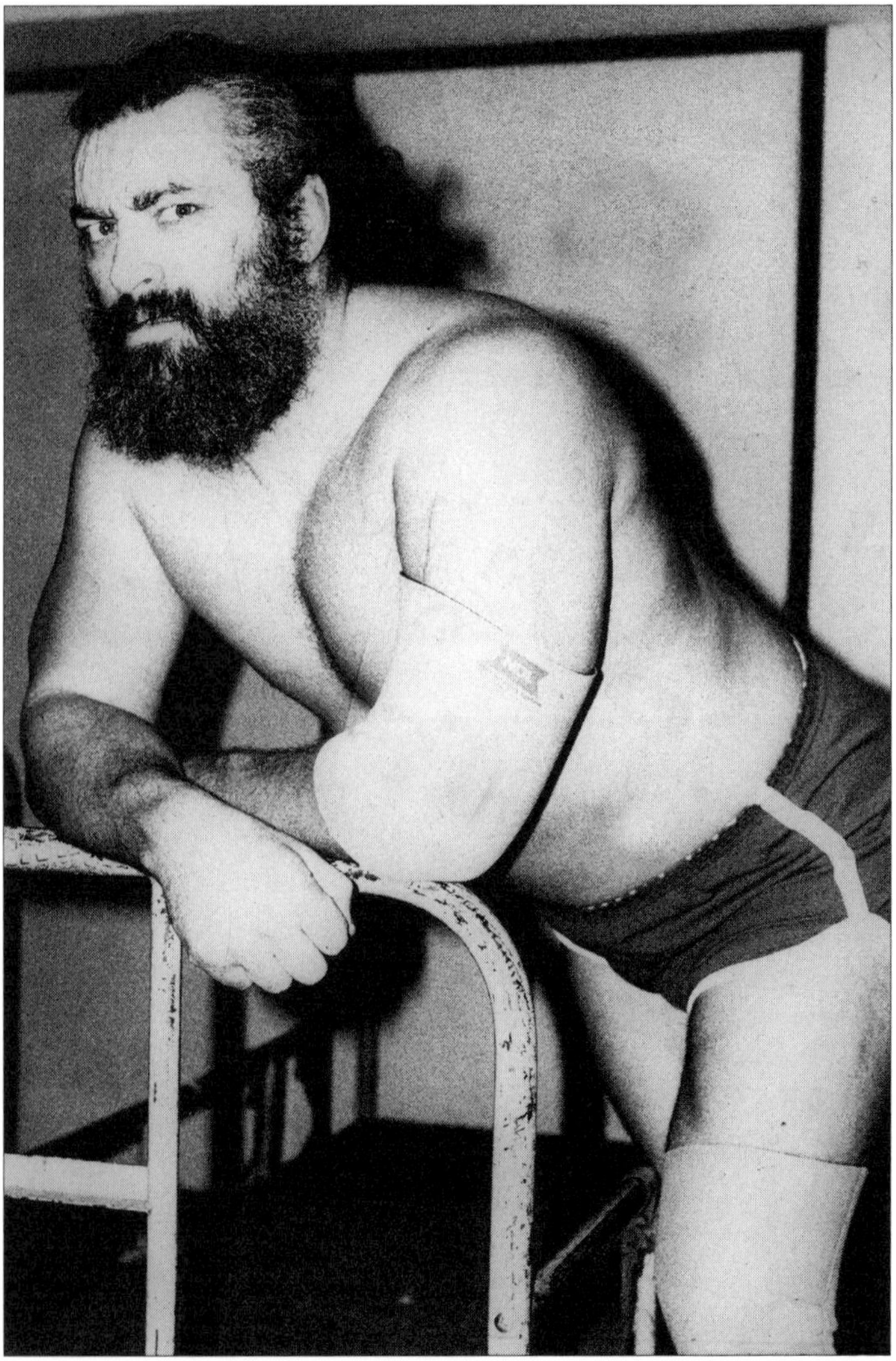

日本武道館のバックステージで初めていただいたカメラ目線

いると感じ、カメラを構えてシャッターを切った。

右ページに載せたのは、その時に僕が撮影した〝初めての試合前のブロディの写真〟だ。まだ試合の準備が終わっていないので、下半身はトレーニングパンツをはいている。

僕は試合前のブロディの姿を、この日も含めて4回撮影している（1987年11月21日の後楽園ホール大会［口絵8ページ］、1988年4月19日の宮城県スポーツセンター大会［口絵9ページ、左上写真］、同4月22日の川崎市体育館大会［口絵9ページ、右下写真］）。『週刊ファイト』は、表紙候補以外はすべてモノクロでの撮影が基本だった。カラーで撮っているということは、表紙になる可能性があったということだ。

試合前のブロディの撮影は、いつも真剣勝負だった。ブロディは僕がいくと無言で画作りをしてくれた。でも撮影が許されるのは、たった1カットだけ。僕がシャッターを切ったことを確認すると、ブロディは全身から「撮影はもう終わりだ」というオーラを発してポーズを解いてしまう。

撮影はさせる。でも、自分を安売りはしない。そんな姿から、プロの崇高なプライドを感じるとともに、優しさも感じた。〝お前もプロなら、一発で決めるんだ〟。撮影をする機会は決して多くはなかったが、ブロディからはプロレスカメラマンにとって大切なことを教えられた気がするのだ。

ジミー・スヌーカ――Jimmy Snuka

「スヌーカはどうなる？」

ブルーザー・ブロディの次はスタン・ハンセンと続けるべきなのだろうが、僕にとってブロディの次にくるのは、あえてジミー・スヌーカだ。

筋骨隆々のジミー・スヌーカが、リープフロッグや飛び技を華麗に決める。その美しい姿に魅了されてしまった。あと、なんとってもバックハンド・チョップの打ち方がカッコよかった。

ファン時代、もっとも衝撃を受けたのは「ブロディの新日移籍」だったが、それ以前の僕にとっての重大事件といえば「ハンセンの全日移籍」だった。

忘れもしない１９８１年12月13日。ハンセンは蔵前国技館で行われた『'81世界最強タッグ決定リーグ戦』の最終戦、ファンクスvsブロディ＆スヌーカ組のセコンドにつくと、そのままブロディ組に加勢し、試合後に全日勢と大乱闘を繰り広げた。

【ジミー・スヌーカ】1943年5月18日生まれ。フィジー共和国出身。ボディビルの世界で活躍後、1969年にハワイでデビュー。1971年9月に初来日。鍛え上げた肉体と跳躍力を活かしたスタイルで"スーパーフライ"の異名で人気を博した。2017年1月15日没。

当時の全日本プロレスはテレビの生中継がなく、この試合の結果は数日遅れで、東スポが発行していた『ザ・プロレス』の表紙を見て知り、衝撃を受けた。そこには、ハンセンが白いワイシャツとジーンズを血に染めた姿が写っていた。その写真を見た瞬間、僕はふいにスヌーカの今後が心配になってしまった。ハンセンが全日にきたということは、ブロディ&ハンセン組が誕生する可能性がある。そうなるとスヌーカの立場はどうなってしまうのか。

僕が心配した通り、ブロディとスヌーカはその後、仲たがいをして、ブロディはハンセンと組み、スヌーカは全日本を去ってしまった。しかし、1985年、スヌーカは新日本プロレスに参戦。そこで〝運命の移籍〟をしていたブロディと再会し、2人のタッグが復活する。

その後、ブロディとスヌーカは全日本プロレスに復帰。僕はその2人の姿を、1987年11月21日、後楽園ホール大会の入場前に撮影することができた（口絵8ページ）。ブロディはこの翌年の7月に不慮の死を遂げる。結果的に、これが最初で最後のブロディ&スヌーカ組の撮影となった。

幻の『スーパーフライ・フィエスタ』

ジミー・スヌーカの代名詞といえば、〝スーパーフライ〟だ。

空中姿勢が美しかったジミー・スヌーカのリープフロッグ

コーナーポスト最上段で見栄を切る〝スーパーフライ〟ジミー・スヌーカ

最近のファンの方にとっては、〝スーパーフライ〟といえば、新日本プロレスの外道選手やゼロワンの田中将斗選手の技というイメージがあるかもしれない。彼らの技はジミー・スヌーカにインスパイアされたもの。技自体はコーナーポスト最上段からのダイビング・ボディプレスだが、それをあのバキバキの体で、抜群の飛行距離でやってしまうところに、オリジナルの凄みがあった。

実は、フィエスタシリーズの一環で、『スーパーフライ・フィエスタ』の開催を考えたことがある。ジミー・スヌーカと交流があった知り合いに連絡がとれる人がいたので、聞いてみると「たぶん、きてくれますよ!」というので、いつか開催できたらと頭の片隅に置いていたのだ。

結果的に幻に終わってしまったが、僕の中では出場選手の候補案もできていた。

メインイベントはもちろん、スヌーカ&外道&田中将斗組と決めていた。外道選手・田中選手ともスーパーフライの使い手、シェイプしたボディの3人が並べばきっと絵になっただろう。もう少し縁がつながれば開催できただけに、少しだけ悔いが残る。

スタン・ハンセン

Stan Hansen

リング上で圧倒的な光を放つ存在

よく知られていることだが、オフ・ザ・リングのスタン・ハンセンはとても物静かだ。試合前はいつもメガネをかけており、控室の片隅で静かに新聞などを読んでいる。試合前にマスコミの前に姿を見せることはほとんどなかった。

その一方で、リング上のスタン・ハンセンは、とてつもない光を放つ存在だった。あのテーマ曲〝サンライズ〟での入場シーンはド迫力。観客の目を左手一本に引き付けて、一振りで相手を沈める。僕はその圧倒的な光を残したくて、ウエスタン・ラリアットを撮影する時は徹底的にこだわった。

どの角度から、どのようなタイミングで撮れば迫力が伝わるのか。正面に回りこんだり、あえて横側から撮るなど、試行錯誤を重ねた。プロレスカメラマンとしては、ド迫力のウエスタ

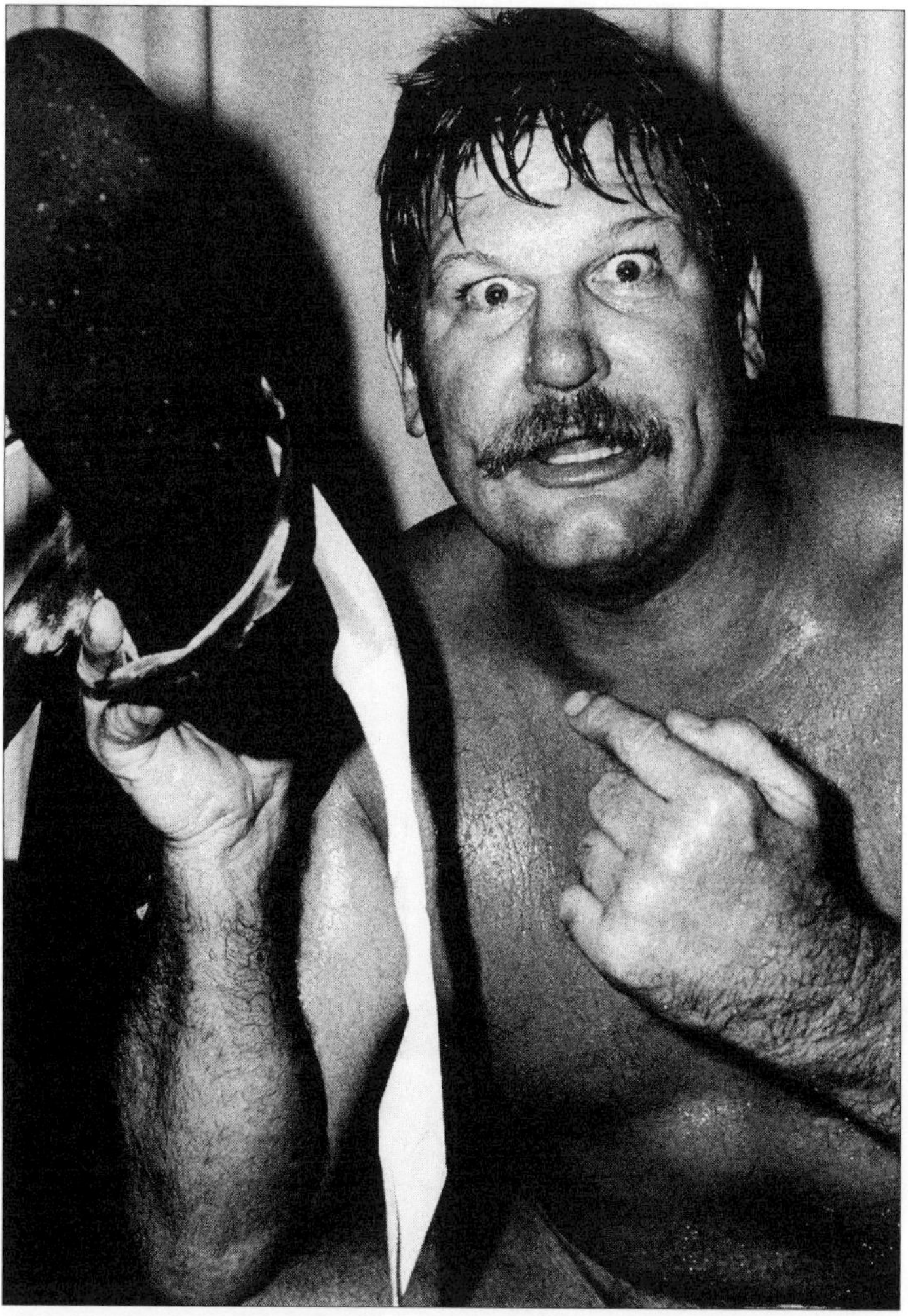

【スタン・ハンセン】 1949年8月29日生まれ。アメリカ・テキサス州出身。1973年1月にデビュー。ウエスタン・ラリアットを必殺技に新日本プロレス、全日本プロレスで数多くの名勝負を見せた。長年の激闘による膝の負傷を理由に2001年1月28日に引退。

ン・ラリアットが試合終盤に対戦相手にヒット、汗が飛び散る瞬間を撮りたい、と常に思っていた。

ハンセン失神事件の現場で感じたこと

『週刊ファイト』、『週刊ゴング』を通じて、ハンセンの試合をたくさん撮影してきた。印象的な試合はいくつもあるが、その中でもとくに記憶に残っているのが、「ハンセン失神事件」だろうか。

1988年3月5日の全日本プロレス・秋田市立体育館大会。

ハンセンはテリー・ゴディと組んで、天龍源一郎、阿修羅原の〝龍原砲〟と対戦。サンドイッチ・ラリアットからサンドイッチ式の延髄斬りをくらって、失神に追い込まれた試合だ。

この大会、僕は『週刊ファイト』のカメラマンとしてリングサイドで撮影していた。あの〝不沈艦〟と呼ばれたスタン・ハンセンが大の字になって動かない……あまりの衝撃に動揺しながらシャッターを切ったのを覚えている。

数分後、意識を取り戻すのだが、そこからの猛攻が凄まじかった。ハンセンが場外の龍原砲めがけてトペ・スイシーダ……、これには度肝を抜かされた。

日本での３人目のライバル、小橋選手との戦いでは様々なバリエーションのラリアット
を披露した。右腕のラリアットに汗が飛び散る！

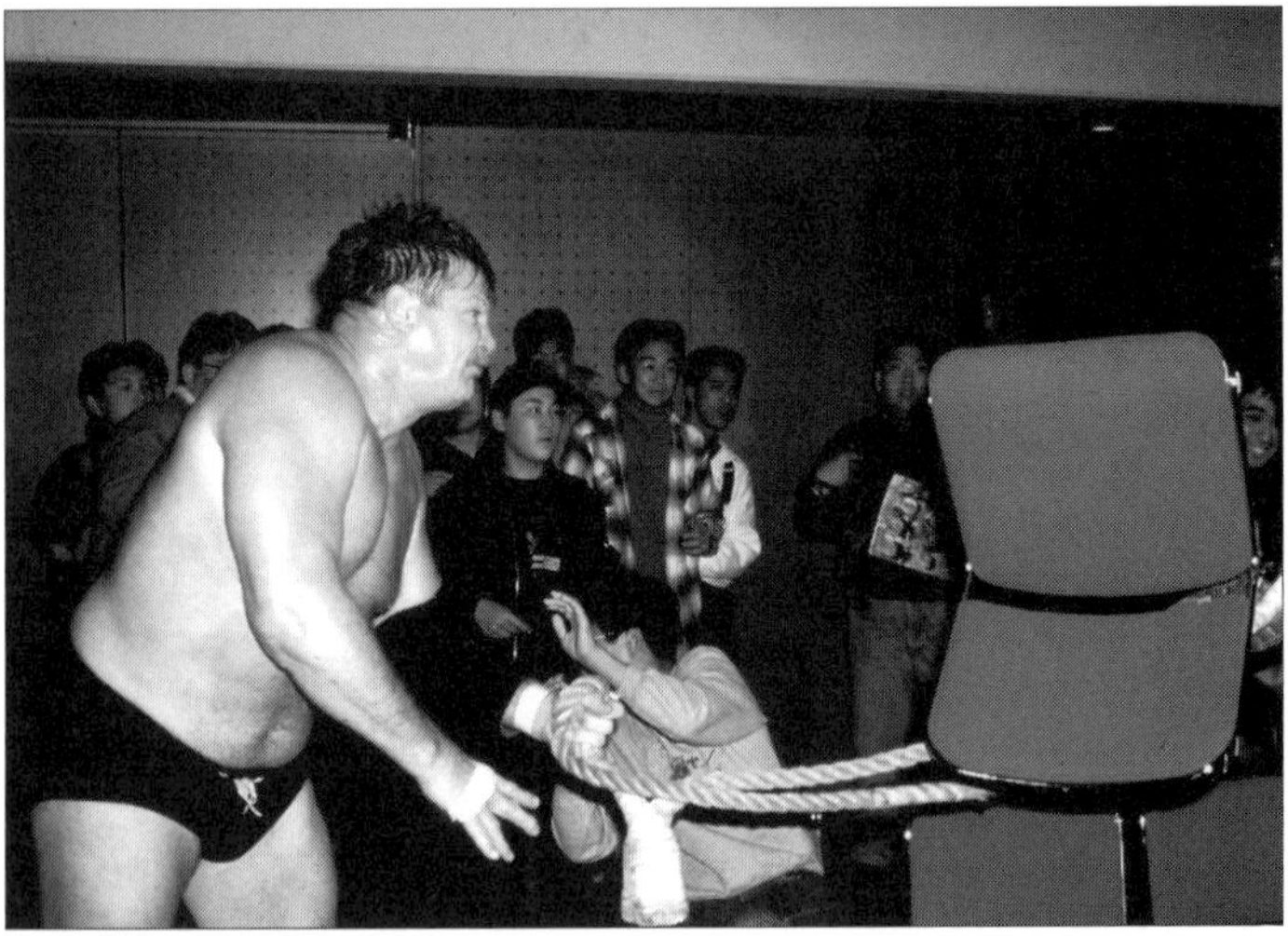

暴れ出したら、誰にも止められないド迫力のスタン・ハンセン

問題は試合後だ。控室で天龍さんのコメントを取っていると、レフェリーの和田京平さんが飛び込んできた。いつになく慌てた様子で、「ハンセンが探しているから逃げろ！」と控室にいたマスコミに避難を促した。

ハンセンは失神させられたことへの怒りが収まらず、キレた状態のまま、天龍さんたちを探していたのだ。これはただごとじゃない。

恐怖はマスコミの間にも伝わり、僕らマスコミは慌てて控室を飛び出した。

体育館を出ると、外は雪が降っていた。

東北・秋田の静かな夜。しかし、背後にある扉の向こうでは、ハンセンがいまだに熱く燃えている。

その奇妙なコントラストに、僕は改めてプロレスの奥深さを感じたのだった。

ザ・ロード・ウォリアーズ

——*The Road Warriors*

すべてが衝撃的だった暴走戦士

え、タバスコを一気飲み⁉

ネズミを喰って生き延びてきた⁉

テレビ東京の『世界のプロレス』で、初めてプロモーションビデオを観た時の衝撃といったら……。

そして「オマエはベンチプレスで何キロ挙げられるんだ?」と凄みながら誇示する太い腕……。ザ・ロード・ウォリアーズの出現には、〝衝撃〟という言葉には収まりきらない魅力があった。純粋なファンとして追いかけた最後のプロレスラーが、このザ・ロード・ウォリアーズだ。

とにかくフェイスペイントがカッコよくて、それが試合ごとに変わるため、「次はどんなペ

【ザ・ロード・ウォリアーズ】 ホーク（左、1957年～2003年）、アニマル（右、1960年～2020年）によるタッグチーム。1983年結成。入場と同時に相手に襲い掛かり短時間で試合を決めるファイトスタイルで、日本中のプロレスファンに衝撃を与えた。

鶴龍コンビとのインタータッグ王座戦、レフェリーはタイガー服部さん

アニマルの見せ場はこのリフトアップ

馬場さんとホークの力比べ

イントで出てくるんだろう」と入場前はいつもワクワクしていた。

あの入場テーマ曲（ブラックサバスの『アイアン・マン』）が会場に鳴り響き、入場口のドアが開くや否や、ダッシュで花道を駆け抜ける2人。その時、アニマルのペイントがスパイダー柄だったら「やった！」と心の中で拳を握った。

ザ・ロード・ウォリアーズは、初来日から別格だった。

来日直後、成田空港で記者会見を行ったが、プロレスマスコミだけでなく、週刊誌など一般メディアも集まった。まさに〝待望の初来日〟だった。

そして迎えた、1985年3月8日の初来日第1戦。これはどうしても生で観たい。

場所は千葉県の船橋市運動公園体育館。高校生だった僕にとってはかなりの遠出だ。最寄り駅から体育館が遠く、大会後、埼玉の自宅に帰るには乗換えを間違えたら終電に間に合わない可能性もあった。それでも、行かずにはいられない。そんな気持ちで会場に向かったのを覚えている。

さて、肝心の日本デビュー戦だが、キラー・カーン&アニマル浜口組を相手に3分39秒で勝利し、試合はあっという間に終わった。それでも船橋まで足を運んでよかったと思え、僕は大満足だった。期待を裏切らない〝未だ見ぬ強豪〟の初来日第一戦だった。

第39代インターナショナル・タッグチャンピオンとなったザ・ロード・ウォリアーズ

貴重な試合前のスリーショット

『週刊ファイト』に入ると、試合直前のウォリアーズの写真を撮影することができた。

当時のプロレスマスコミを探してみても、出番直前の2人を撮影しようというカメラマンは、僕ぐらいのものだったと思う。この行動が、後の『週刊ゴング』移籍のきっかけとなる。

インタータッグ王座を奪取後、地方巡業中には貴重な写真も撮ることができた。それが左ページに載せた1枚だ。

アニマル、ホークの2人にマネージャーのポール・エラリングが揃った貴重なスリーショット。3人揃って〝リージョン・オブ・ドゥーム〟だ。3人とも目線がこちらを向いており、とてもいい表情をしている。

こういう写真を撮らせてもらえるようになったことで、僕はプロレスカメラマンになれたことを実感できたのだ。

地方巡業ではリラックスしていたため、〝リージョン・オブ・ドゥーム〟としてのスリーショットを撮らせてくれた。

パトリオット
Patriot

「これぞアメリカ！」なマスクマン！

パトリオットとしては1992年5月に初来日し、その後は全日本プロレスの常連外国人となった。

初めての縁は、二度目に来日した際の金沢大会の試合前だった。『週刊ゴング』がパトリオットのインタビューを行うことになり、その写真撮影を担当したのだ。試合開始前の限られた時間での撮影だったため、石川県産業展示館付近での撮影となった。

撮影に記者の同行はなく、パトリオットと僕の2人だけだった。

会場付近の地図を見ると、すぐ近くに野球場があったので、途中の芝生の上で撮影しながら、2人で歩いて野球場を目指した。パトリオットはとてもフレンドリーな性格で、こちらのオーダーに快く応えてくれる。野球場についた頃には、すっかり打ち解けていた。

【パトリオット】1961年12月21日生まれ。アメリカ・サウスカロライナ州出身。本名デル・ウィルクス。1988年にザ・トルーパーの名前でデビュー。90年代にパトリオットに変身。全日本プロレスの常連選手となり、日米両国で活躍。2021年7月1日没。

スタンドでグラウンドをバックにポーズをとってもらう。日本にくるまでアメリカで使い込んできたマスクの右側が少し解《ほつ》れていたが、それがかえってカッコよく見えた。

パトリオットの星条旗と鷲をモチーフにしたマスクは、まるでアメリカを背負っているようだし、大柄でビルドアップされた肉体は、スターのオーラがあった。

常連外国人になったのは、馬場さんが彼のことを気に入ったからだと思うが、ひょっとしたら馬場さんはパトリオットをマスカラスさん以来の看板マスクマンに、と考えていたのかもしれない。パトリオットは1997年、全日本プロレスで小橋健太、ジョニー・エースとの新世代トリオ「GET」を結成直後にWWFに移籍してしまったが、あのまま全日本プロレスに残っていれば、僕個人としてはマスクマンとして初の三冠王者が誕生する可能性があったのではないかと思っている。それくらいスター性のあるレスラーだった。

幻のマスクの真実

パトリオットには、たった1試合だけ着用した幻のマスクがある。

星条旗をモチーフにしているところは変わらないが、眼の部分がメッシュでつながっている。

何度目かの来日の際、「これまでとは違ったデザインのマスクを作ってみたいんだけど、誰

石川県立野球場のスタンド席で撮影した思い出の一枚

後楽園ホール大会翌日の地方大会で、たった一度だけお披露目された「SATO製」マスク

か作れる人を知らない？」とパトリオットから相談を受けた。

僕は、現在「ミクロ・マスク」というミニチュアマスクの制作で注目を集めている佐藤嘉彦君に連絡し、本人のアイデアを伝えて完成したのが、右ページのマスクだ。

それまでにマスクを2枚もプレゼントしてもらっていたので、その新しいマスクは僕からプレゼントさせてもらった。後楽園ホールで渡すと、バックステージですぐに試着して、鏡を見ながら「いいね、すばらしい」と喜んでくれた。

翌日、早速被って試合をしたが、「イメージとちょっと違う」という意見があったようで、1日限定のレアマスクとなった。

ちなみにそのマスクはいま、本書の構成を担当してくれた入江君が所有している。自分が関わった幻のマスクを30年近くも経って目にするとは……不思議な〝縁〟を感じてしまう。

スティーブ・ウィリアムス

——Steve Williams

僕の理想のアメリカンレスラー

リング上の荒々しいファイトスタイルと裏腹に、バックステージでは気さくでいつも笑顔を絶やさない。それが〝ドクター・デス〟ことスティーブ・ウィリアムスだった。

日本では、後期の全日本プロレスでの活躍が印象に残っている方も多いと思うが、僕がファンだった時代、ウィリアムスは新日本プロレスの常連外国人だった。

アントニオ猪木さんと、ゴツゴツとした試合を繰り広げ、ヒゲに長髪、アマレスとアメリカンフットボールという二大バックボーンを持ち、どこから見ても強そうなフォルム……僕にとって〝これぞアメリカのプロレスラー〟だった。

新日本プロレス時代は、そのポテンシャルをもてあましているように見えたが、僕はなぜかその不器用な感じが好きだった。その後、全日本プロレスに移籍し、馬場さんの元で小橋健太

【スティーブ・ウィリアムス】1960年5月14日生まれ。アメリカ・コロラド州出身。1983年より本格的にプロレスラーとして活動開始。その独特な投げ方のバックドロップでドクター・デス、殺人医師の異名を持ち、新日、全日で活躍。2009年12月29日没。

というライバルを得たことで、ウィリアムスは見違えるようにその強さを発揮した。何度もタッグの頂点を極め、最終的には三沢光晴さんから三冠ヘビー級のベルトを奪取している。この全日本プロレス移籍は大成功だった。

荒々しい雰囲気があるウィリアムスだが、素顔はとてもフレンドリーで、優しい人だった。ブロディやハンセンが控室からほとんど出てこなかったのに対して、ウィリアムスはよくバックステージで、僕らマスコミとも言葉を交わしてくれた。

左ページに載せた写真は、そんなウィリアムスの優しさが垣間見える一枚だ。新日本プロレス時代の試合前、リング上でトレーニングをする若手外国人レスラーたち。その中で、ウィリアムスは細かい動きを教えていた。なかなか見る機会のない場面、ウィリアムスの面倒見の良さが表れた貴重な写真を撮ることができた。

突き刺さるバックドロップに戦慄！

画になるといえば、ドクター・デスの代名詞でもある必殺技のデンジャラス・バックドロップだろう。

小橋選手が文字通り、脳天からマットに突き刺さるようにして投げられる。僕はリングサイ

アマレス出身のウィリアムスは、時折、開場前のリングで若手外国人の指導をしていた

〝聖地〟後楽園ホールのコーナーに上がり、観客にアピールする
〝殺人医師〟スティーブ・ウィリアムス

ドで撮影していて、何度も戦慄させられた。

プロレスの投げ技は、使い手の選手によって十人十色。撮影する僕らはそれぞれの選手の癖を覚え、顔が見える位置を予想しながら、リングサイドでポジション取りをしてベストショットを狙う。

ウィリアムスのバックドロップの場合は、その突き刺さるようなインパクトの瞬間を伝えたかったので、僕はウィリアムスの背中の方に回って、縦イチで狙った。

小橋選手はどのような気持ちでウィリアムスのデンジャラス・バックドロップを受けていたのか。次のページから始まる対談で大いに語っていただこう。

【特別対談１】

〝鉄人〟が見た、全日本プロレスの最強外国人レスラー

小橋建太

全日本プロレス時代、最強外国人レスラーをリングで迎え撃ってきたのが、〝鉄人〟小橋建太さんだ。激闘を繰り広げてきたからこそわかるレジェンドの凄さを語っていただいた。

[Profile]
1967年、京都府出身。激しいファイトスタイルで、全日本プロレス、NOHAで活躍。ファンの記憶に残る激しい試合を数多く残した。2013年5月に現役を引退。現在は大学の講師業、講演のほか、エニタイムフィットネス等々力のオーナーも務めている。

ジャイアント馬場さんの地下室にあった謎のマスク

大川　お久しぶりです！

小橋　久しぶりだね～、元気？

大川　元気です！　僕らはほぼ同時期にプロレス業界に入ったんですよね。当時は菊地（毅）さんと北原（辰巳、現・光騎）さんと、〝若手三羽ガラス〟と呼ばれていましたね。

小橋　菊地さんが2か月先輩、北原さんが1か月先輩、そして僕という順番だね。当時のプロレスマスコミってオジサンばっかりだったから、大川くんを最初に見た時は、すごく若い人が入ってきたなって印象があったな。

大川　今回、僕がファン時代から今に至るまで関わってきた外国人レスラーに対する思いを一冊の本にまとめているんです。それで、全日本プロレス系の外国人レスラーを語ってもらうのは小橋さんしかいないだろうと……。

鉄人
#エニタイム
フィットネス等々力
ANYTIME
FITNESS

小橋　どんな選手を取り上げているの？

大川　まずはマスカラスさん。

小橋　おぉ、マスカラス！　僕は現役時代、接点がなかったんだけど、実はプロレスを好きになったきっかけが、テレビで見たジャンボ鶴田さんとマスカラスさんの試合（１９７７年8月25日、田園コロシアム）だったんだよ。

大川　小橋さんの入門とマスカラスさんが全日を離れた時期がほぼ同じでしたからね。

小橋　マスカラスといえば、思い出があるんだよ。まだデビューしたばかりの頃、ジャイアント馬場さんの家の地下にあったトレーニングルームを掃除しに行ったことがあるんだよ。そうしたら、その部屋に大きなビニール袋が置いてあって、中に大量のマスカラスのマスクが詰まっていたんだよ！

大川　え、いきなりスゴイ話ですね。マスカラスさんは昔、来日すると使ったマスクを全日本プロレスに置いていったという噂があったので、それかな……。

小橋　でも、その日はマスクよりもベルトの方が鮮明に記憶に残っているんだよね。

大川　ベルト？

小橋　地下に馬場さんが昔巻いていたチャンピオンベルトがあったんだよ。で、それを見ていたら馬場さんが「おう、巻いてみるか？」っておっしゃったんだ。でも、俺はデビューしたばかりの新人だろ。おそれ多いって断ったんだけど、馬場さんもなかなか譲らなくてさ。「巻けよ」「いいです」みたいなやりとりを何回か繰り返したら、最後は馬場さんに「俺が巻けって言ってんだから、さっさと巻けよ！」って怒られた（笑）。それで巻いて鏡を見てたんだけど、これがなかなか良くてさ、つい色々な角度でポーズをとっていたら「いい加減、返せ！」って（笑）。

外国人選手の来日初戦で対戦、本当は海外修行に行きたかった

大川　凄いエピソードの連発ですね……。ところで、小橋さんといえば若手の時代からダイナマイト・キッドやデイビー・ボーイ・スミス、カンナムエクスプレス、

プロレス業界では苦楽をともにした同期の2人。思い出話に花が咲く。

マレンコ兄弟といった外国人選手と対戦する機会が多かった印象があります。

小橋　キッドは身体は小さいけれどハートが強かったイメージがあるね。でも、一番、最初に印象に残ったのはブルーノ・サンマルチノの息子のデビッド・サンマルチノかな。年齢が近いこともあって、会えば気さくに挨拶してくれた。あとはダスティ・ローデスの息子で、その後、WWEでゴールダストになったダスティン・ローデスもいたね。そういえば、ダスティンは数年前にラスベガスのイベントに出演した時に一緒になったんだけど、最初、誰か分からなくてさ。廊下ですれ違った時にお互い目が合って、「覚えてる？」って（笑）。

大川　懐かしい名前が出てきますね（笑）。

小橋　僕は初来日の外国人選手の初戦の相手をけっこうやっているんだよね。

大川　それは馬場さんの期待の表れだと思うんです。大きい外国人選手に小橋さんがフィットすると思ったんでしょうね。

小橋　たしかに凄い経験をさせていただいたと思って

いるけれど、本当は海外修行に行きたかったんだよね。北原さんがカルガリーに行ったこともあったし、僕自身、昔からの憧れっていうのかな、ミズーリ州で修行してＮＷＡ王座に挑戦して、みたいな。

大川　我々の世代ならではの憧れですね。でも、馬場さんが離さなかった？

小橋　いや、実際にアメリカ行きを何度かお願いしたんですよ。でも、当時はＷＷＦ（現ＷＷＥ）が全米をすでに席捲していて昔のようなテリトリーはなくなっていたし、馬場さんが当時のアメリカに学ぶものがないと思っていたこともあって、「俺が育てる！」って。それでも、ドリー（ファンク・ジュニア）さんのところで修行する話とか、何度か海外修行の話はあったんだけどな……。

ブッチャー、エラリング……、レジェンドたちとの思い出

大川　その分、日本で強豪外国人選手とたくさん闘っているじゃないですか？　ドリーさんの名前が出ましたけど、テリーさんとは試合をしてますよね？

小橋　テリーとも対戦しているよ。ローリング・クレイドルの掛け合いとか、テキサス・クローバー（ホールド）を狙ったり……。

大川　あと、僕は子どもの頃からブルーザー・ブロディが好きだったんですが、接点はありました？

小橋　いや、ブロディが来日していたのは僕のデビュー前で、セコンドで毛皮のガウンを片付けて控室に持って行ったくらいしか接点はないですね。田上（明）さんがブロディと対戦している最後の世代だと思う。やっぱり、対戦したかったね。

大川　ほかには当時の選手では、晩年、御縁があったブッチャーさんを本の中で取り上げています。

小橋　ブッチャーとは何度か当たっているよね。でも、ブッチャーといえば、練習生時代の印象が強いかな。後楽園ホール大会で先輩選手が脱いだガウンを控室に持っていく途中に、ブッチャーがいたんです。控室を使わずに、いつも通路とかで着替えるんです、ブッチャーは。

ホークにウェイト・トレーニングの指導を受ける、若き日の小橋建太

大川　僕たちが開催したブッチャーさんの大会でも、そうでした。主役なのに控室に入らないんですよ。

小橋　それで、急いで戻ろうとしている僕に「コーラ！」って叫ぶんです。ようするにコーラを買ってこいということなんだけど、セコンド中だから現金を持ってないし、まだ練習生だよ？　本人はお金を出す気配もないし、仕方ないから自腹でコーラを買って渡したら、ニヤリとして「サンキュー！」って（笑）。

大川　練習生ながらブッチャーさんにコーラをおごったという（笑）。ところで、今回、本書のために写真を探していたら、若い頃の小橋さんがザ・ロード・ウォリアーズにウェイト・トレーニングを教わっている写真が出てきたんですよ。

小橋　ああ、覚えているよ！　でも、ウォリアーズよりも、マネージャーのポール・エラリングっていたでしょ？　彼の方が印象深いかな。練習生時代、試合前にエラリングがいつも会場の階段で踏み台昇降をしていて、それに付き合わされたんだよ。練習生って開場前にはリングサイドに待機してなきゃいけないんだけど、開場しても終わらないんだよ（笑）。それで試合開始時間の15分位前にやっと解放されてリングサイドに戻ると先輩から「何してたんだよ！」って怒られて。それがシリーズ中、毎日だから困ったよ。最終日にエラリングから「毎日、ありがとう」ってTシャツをもらいましたけど（笑）。

幻のユニット「GET」、突然の解散の真相は？

大川　僕の中でのデビュー当時の小橋さんの思い出といえば、ムーンサルトなんです。リップ・ロジャースとの対戦前に雑談している時に「チャンスがあればムーンサルトを出す」って言って、初公開したような記憶があるんですけど……。

小橋　いや、それは初公開ではないよ。90年1月に行われた『小橋健太七番勝負』の初戦が最初だね。相手は谷津嘉章さんだったんだけど、勢い余って谷津さんを飛び越えちゃったんだよ（笑）。だから覚えているんだけどね。

大川　そうだったんですか……最近、記憶が曖昧になってきてるんで（笑）。技といえば、『オレンジ・クラッシュ』の経緯は覚えています？

小橋　もちろん！　そろそろ新しい技がほしいなと思っていた時に、大川くんに「何かない？」って聞いたら、「メキシコの団体でこんな技をやっている選手がいた」と聞いたのが、オレンジ・クラッシュだったんだよね。

大川　AAAという団体をロスで取材した時に前座選手が使っていたのを目撃して、これを日本人選手が使ったらインパクトがあるなと思ったんですよね。

小橋　初披露は、ファン感謝デーでのセミファイナルの秋山戦（1993年9月24日、後楽園ホール）だね。

大川　でも、技が完成したという話も聞いていなかったので、いきなり披露した時は驚きましたよ。さて、話を外国人選手との関りについて戻しますが、先日、亡くなられたパトリオットさんについてお伺いしたいです。

小橋　本当に突然のことで……驚き以外の言葉が見つからないけれど……。彼がパトリオットとして来日し

1997年5月に、小橋建太（右、当時は健太）、パトリオット（中）、ジョニー・エース（左）が結成した「GET（ゲット）」。直後に世界タッグ王座を奪取するなど順調な滑り出しを見せたが、翌シリーズでパトリオットがWWFに移籍。3人の「GET」は数か月で終焉した。

てから組むようになって……。一度、WCWに参戦して再び全日本プロレスに戻ってきた時、僕が超世代軍を抜けて三沢（光晴）さんとのタッグを解消した時期と重なっていたから再びタッグを組んで……。

大川　そこにジョニー・エースが加わってGETというユニットを結成する流れになりました。

小橋　実は当時、パトリオットがWWF（当時）に行くという噂は僕の耳にも入っていたいんだ。だから、彼に「行くの？」と聞いたんだよ。そうしたら「いや、行かない」と。何度かそんなやりとりをしたんだけどね。もちろん、先方との契約で言えないことがあったのもわかっているけれど、次のシリーズで移籍を知った時は、さすがに「どういうこと？」と思ったよね。結局、GETはすぐに解散したけれど、今となってはわかるよ、彼の気持ちは。

大川　移籍直後に『週刊ゴング』で現地取材をして、「小橋へ」という感じでメッセージをもらったこともありましたね。

小橋　当時は納得いかないこともあった。だけど、人にはその人なりの人生があって、選んだ道は間違いじゃない。だからこそ、もう一度、会いたかったんだよね。最後に来日して以来、会っていなかったから。

デンジャラス・バックドロップ、究極のライバル対決

大川　あと、印象に残っているのがスティーブ・ウィリアムスなんです。あの〝デンジャラス・バックドロップ〟を巡る攻防とか。

小橋　豊橋でやった三冠挑戦権を賭けた試合（1993年8月31日）は強烈だった。あのバックドロップは凄かったからね。

大川　頭から突き刺さっていましたからね。普通、バックドロップの写真は横から撮るんですけど、ウィリアムスのは縦で撮るべき投げ方というか……。

小橋　首が詰まるなんてものじゃなかったよ。帰りの巡業バスで静かにブレーキをかけてもらっても息が詰まったくらいだったから。でも、「痛い」といったら馬場さんに「休め」って言われるからガマンして東京に

互いが命を削るかのような戦いを繰り広げたライバルのスティーブ・ウィリアムス。ウィリアムスは小橋選手を相手にした時だけ、〝デンジャラス・バックドロップ〟を使った。

戻ってきたんだよ。本当にキツかった。ウィリアムスとは94年の三冠戦でも激しくやりあったよね。ウィリアムスが後に「あの試合が生涯のベストマッチだった」と言ってくれて……。

大川 そのウィリアムスも、もういませんね。

小橋 ＩＷＡジャパンで引退試合も予定されていたでしょ？　実は、僕はセレモニーに行くつもりだったんです。だけど、直前になってウィリアムスが体調不良で、来日できずセレモニーは中止になった。結局、会えなかったよね（※編集部注：ウィリアムス氏の体調が悪化してセレモニーは中止。その後の２００９年12月29日に死去）。

ラリアットを巡る争い　スタン・ハンセンとの死闘

大川 そうだったんですね……。そして、小橋建太というプロレスラーを語るうえで欠かせない存在といえば、スタン・ハンセンです。

小橋 まぁ、そうだよね。ハンセンが一番、印象に残っているのは間違いない。とにかくやりあったからね。

大川 スタン・ハンセンというレスラーは、３回ピークがあったと思うんです。まず新日本プロレス参戦時代にアントニオ猪木さんを相手にした時期が第一のピークで、全日本プロレスに移籍してから馬場さんとＰＷＦのベルトを巡って第二のピークがあった。そして、小橋建太というプロレスラーに出会ったことで90年代半ばに第三のピークがきました。これは凄いことですよね。

小橋 やっぱり、肘を22針縫った試合（１９９５年８月23日　秋田・大館市民体育館）は印象深いかな。あの時の傷は今でも消えない。あの試合、ハンセンが椅子を縦にして攻撃してきたんだよ。それで肘の皮膚が連結部分の金具で裂けてしまって。僕も冷静さを失って、試合後に控室を襲撃したら、ハンセンが扉の後ろに隠れていて、僕に襲いかかってきた。お互い引退した後、仕事で会った時にその時の傷を見せたら、笑いながら「ソーリー！」って言いやがってさ（笑）。

大川 あの当時のおふたりで印象的なのは、小橋さ

小橋選手は2013年に引退。同年5月11日に行われた引退記念大会「FINAL BURNING in Budokan」では、筆者はオフィシャルカメラマンを務めた。

んと闘うなかで、ハンセンさんがウエスタン・ラリアットのバリエーションを増やしていきましたよね。ショートレンジや振り向きざま、コーナーから飛んできたところを迎撃するものもありました。

小橋　たしかに「こんな打ち方があったんだ！」と思わされたこともあったよね。それで、僕もラリアットを使うようになった頃の話なんだけど、ある日、レフェリーのジョー（樋口）さんに「スタンが呼んでいる。話があるって」と言われて一緒に控室に行ったらハンセンだけがいたんだよ。それで「オマエがラリアットを使うのはかまわない。ただし、一発で倒さないとラリアットじゃない」って言われて。

大川　それは小橋さんがラリアットを使うことを認めたということでしょうね。

小橋　そこからは「一発でブッ倒す！」という気持ちを込めて、つねにラリアットを使っていたから。最後までハンセンとの約束は守った、という自負はありますよ。

大川　あれだけ厳しい試合をやれたモチベーションはどこにあったんでしょう？

小橋　四天王プロレスはやりすぎだった、なんて言われることがあるけど、人ができないことをやるのがプロレスラーだから。やっぱり、ファンのみんなが期待してくれている以上のことを見せたいといつも思っていたからね。いま膝や腰とか、首にケガを抱えているけれど、自分の中ではやってきたことに後悔はない。すべてやりきって燃え尽きたから、プロレスに戻ろうかなと思う気持ちもないよね。

大川　〝鉄人〟小橋建太の試合に感動したのは、そうした思いがあったからだとよくわかりました。今日は貴重な話、ありがとうございました。

小橋　こちらこそ！　どうもありがとう。

〔取材協力〕
エニタイムフィットネス等々力店
住所：東京都世田谷区等々力4・4・11・2F
営業時間：24時間オープン（スタッフアワー11時～20時）
小橋建太最新情報、グッズはオフィシャルHPから。
FortuneKK official HP：http://www.fortune-kk.com

【第四章】新日本プロレスの外国人レジェンド

タイガー・ジェット・シン —— *Tiger Jeet Singh*

写真を撮らせない男との攻防

本人に気付かれないように離れた場所から、まるで盗撮するように……それでいて決死の覚悟でシャッターを切らなければならない。それが僕にとってのタイガー・ジェット・シンというプロレスラーだ。

ファン時代、シンの写真を撮るのは至難の業だった。

そもそも人を寄せ付けない雰囲気があり、会場入りの際も常にファンを威嚇してくるため、カメラを向けることが恐かったのだ。

それでも、たった1枚だけ撮れた写真がある。外国人プロレスラーの常宿だった赤坂のホテルで選手が出てくるのを待っていると、なんとシンが出てきた。そのまま車に乗り込んだのだが、僕はチャンスだと思い、追いかけてカメラを向けた。すると、シンはわざわざ窓を開け、

【タイガー・ジェット・シン】1944年4月3日生まれ。インド・パンジャーブ州出身。1964年にシンガポールでデビュー。1973年5月、新日本プロレスへ初来日。客席からの乱入、路上襲撃などセンセーショナルな話題を振りまく。地元カナダでは実業家として活躍。

持っていた傘を構えて威嚇するようなポーズをとってくれたのだ。

着ているジャージから推測すると全日本プロレス時代だから、1980年代半ばだと思う。〝本気〟の美学を感じさせてくれる一枚だ。

テキーラの夜

新日本プロレス参戦時代、僕はひょんな縁でシンと酒席をともにする機会を得た。繋いでくださったのは、当時、新日本プロレスにカムバック参戦されていた栗栖正伸さんだった。

忘れもしない1991年7月15日。北海道の旭川で試合があり、大会後に栗栖さんから呑みの席に誘われた。参加者は栗栖さん、ブラック・キャットさん、そしてシンという凄いメンバー。しかし、シンは僕を警戒している様子だった。グラスに口をつけながら、何度も栗栖さんに「アイツは大丈夫なのか?」と聞いている。栗栖さんがその度に「彼は大丈夫だ」と言ってくれたため、ようやく終盤になって心を開いてくれた。シンは僕を試すように、何杯もテキーラの一気を勧めてきた。若造のカメラマンが勧められたお酒を断れるはずもなく……、僕は翌日まで立てない状態となった。

店の外に出るとツーショット撮影をしてくれたのだが、僕は強烈なヘッドロックをかけられ

子どもの頃に撮影したタイガー・ジェット・シン。プロフェッショナルを感じる一枚。

テキーラを断らなかったご褒美に、手荒なツーショット。
プロレスラーの技術と力を感じた瞬間だった。

た。身動きがとれず、まさにプロの洗礼を受けることになった。すさまじい痛さだったことだけは今も覚えている。

「オマエを仲間に入れてやる。だが、俺は〝本物〟であることを忘れるなよ」

この強烈なヘッドロックには、そんなプロのプライドが込められていた気がするのだ。

この夜以来、「ちょっとこい！」と呼ばれ、控室などで写真をいろいろ撮らせてくれるようになった。

シンはその後、1992年からFMWに参戦する。FMW時代は、面白い写真もたくさん撮らせてくれた。息子のミック（タイガー・アリ・シン）と一緒に来日した際は、「外国人チームで特訓をするからオマエが写真を撮れ！」と撮影係をやらされたこともある。

外国人選手を招集して、バックステージでミックの特訓を開始した。強面の外国人レスラーたちが狭い通路に集まり、荒い息を吐きながら真剣な表情でトレーニングする様子はシュールで面白かったが、エルボーの練習が始まるとすぐ、息子のミックが控室に帰ってしまった。どうやらグラジエーターのエルボーが痛かったらしい。シンは「今日の特訓はここまでだ！」と慌てて練習を打ち切ると、息子を追って控室に向かった。

日本ではヒールを貫いたシンだが、素顔は熱心に慈善事業に取り組む紳士だった。この息子ミックとの一場面は、そんなシンの息子への深い愛情を感じる一コマだった。

サブゥー（中）、グラジエーター（右）と珍しいスリーショット

熊本市体育館で突然始まった外国人選手による合同練習

マスクド・スーパースター

——The Masked Superstar

流星仮面に魅せられて…

80年代の新日本プロレスを代表する外国人マスクマンといえば、やはり、〝流星仮面〟ことマスクド・スーパースターだろう。

僕が『週刊ファイト』に入った頃は、WWF（現WWE）でデモリッションのアックスとして活躍しており、その後、日本のインディ団体への参戦を経て、再び新日本プロレスに参戦した。スーパー・マシンに変身し、アンドレ・ザ・ジャイアントが変身したジャイアント・マシンともタッグを組んだ。

初めての接点は、2009年7月4日に新木場1stRINGで開催した『流星仮面FIESTA』だった。

きっかけは偶然だった。マスクド・スーパースター（いまではビルさんと呼んでいる）の知

【マスクド・スーパースター】1947年12月27日生まれ。アメリカ・ペンシルベニア州出身。1972年12月デビュー。ビル・イーディー、ボロ・モンゴルなどを名乗り、76年にマスクド・スーパースターに変身。そのデザインから流星仮面の異名を持つ。

り合いの方がチャリティーを目的に日本でプロレスを絡めたイベントをやりたいということで、回り回って僕のところに相談があった。当時、ビルさんはアメリカで更生施設のボランティアをしたり、メイク・ア・ウィッシュ（難病を持つ子どもを支えるボランティア活動）に協力するなど福祉活動を行っており、その活動の一環で日本で興行をやりたいという。チャリティーのためなら、と喜んで引き受けることにしたのだ。

マスクド・スーパースターといえば、やはり新日本プロレスで一時代を築いたマスクマン。対戦カードも相応しいものにしたい。そこで新日本プロレスさんに相談したところ、快くスーパー・ストロング・マシン選手、タイガーマスク選手の二大マスクマンを貸し出してくれた。そこに興行全体を後援してくれた覆面マニアのミステル・カカオ選手にも加わってもらった。

スーパー・ストロング・マシンこと平田さんが他団体のリングに上がることは稀で、引退されるまでこの大会だけだったのではないかと思う。それまでにも他団体からオファーはあったはずだが、平田さんはそれを全部断っていたという。スーパー・ストロング・マシンというプロレスラーが新木場1ｓｔＲＩＮＧのリングに登場したというだけでも、実に超レアな大会だったわけだ。

主役のマスクド・スーパースターは、やはり〝超一流〟だった。フライングメイヤーやヘッドロックなど、ひとつひとつの基本的な技の迫力が違う。リングサイドで撮影していて「やっ

やはり本物は違う！　そう感じさせてくれたシーン。
基本的な技がひとつひとつ丁寧で迫力がある。

「流星仮面 FIESTA」では、タイガーマスク vs マシンも実現した

ぱり本物は違うな」と唸らされた。

流星仮面の素顔は律儀な紳士

『流星仮面FIESTA』から2年の月日が経った頃、ビルさんからまた大会を開催してほしい、という話があった。

今度は罪を犯した少年たちの更生施設のためのチャリティー大会をやりたいということだった。ビルさんはその大会をマスクド・スーパースターとしての引退試合にしたいという。そこまで言われては、協力しないわけにはいかない。

こうしてマスクド・スーパースターが主役の二度目の大会『流星仮面FIESTA　FINAL』(2011年7月17日、新木場1

ｓｔＲＩＮＧ）が開催された。ビルさんは初代タイガーマスクと組んで、藤原組長&5代目ブラックタイガー組と対戦して有終の美を飾った。

素顔のビルさんは、律儀ですばらしい人格者だった。

帰国して2か月ほど経った頃、ビルさんから荷物が届いた。開けてみるとメッセージ入りの生写真と額に入った感謝状で、大会の収益を更生プログラムに役立てたといったことが書かれていた。また、収益の一部をメイク・ア・ウィッシュに募金したとの報告もあり、同時に僕に対する感謝の言葉も添えてあった。

律儀といえば、こんなエピソードもある。

引退試合から数年後のこと。ある団体からマスクド・スーパースターのワンマッチ復活のオファーがあった。しかし、ビルさんは「一度引退した以上、マスクド・スーパースターとしてリングに上がるわけにはいかない」と断った。実にビルさんらしいエピソードだ。

数少ない〝大人〟の付き合いができた〝流星仮面〟。ビルさんとはぜひまたお会いしたい。

マーク・ロコ（ブラックタイガー）――"Rollerball" Mark Rocco

初代暗闇の虎が四半世紀ぶりに帰ってきた

初代タイガーマスクの好敵手、初代ブラックタイガーとして新日本プロレスで活躍した、マーク・ロコ。２０１６年、四半世紀ぶりの来日が実現した。

きっかけは元新日本プロレスの上井文彦さんだった。

上井さんは、自身がプロデュースする大会に、あるヨーロッパ系のレジェンドレスラーを呼びたいと考えていて、僕に相談の電話があった。候補だった選手もたしかに素晴らしい選手だったが、初代ブラックタイガーの方がいいと思い、素直に伝えると上井さんは大いに乗り気になってくれた。

しかし、僕も上井さんも肝心のロコさんの連絡先を知らない。そこで、欧州のプロレス事情に詳しいフリーライターの新井宏さんにダメ元で連絡し、「上井さんがロコさんを呼びたがっ

【マーク・ロコ】1951年5月11日生まれ。イギリス・マンチェスター出身。父もプロレスラーであり、1970年、イギリスでデビュー。1982年より初代ブラックタイガーとして初代タイガーマスクと数々の名勝負を繰り広げた。2020年7月30日没。

ているんですが、連絡先はわからないですよね？」と聞いてみると、新井さんが「わからないもなにも、1か月前に会ってきたばかりです！　マーク・ロコも日本に行きたがっていましたよ！」と言うではないか。

来日にあたって、ロコさんが出した条件は2つ。ひとつは「妻と一緒にいくこと」、もうひとつの条件が「京都観光」。奥様に自分が活躍した日本を見せてあげたいという。

上井さんの大会は大阪での開催だったので、京都観光は問題なし。もちろん、奥様同伴も大歓迎だ。こうして初代ブラックタイガー25年ぶりの日本襲来の準備は、とんとん拍子で整った。

だが、来日が近づいてくるにつれ、僕の中では少しずつ不安が大きくなっていった。

大会に合わせて、僕の店でロコさんのサイン会をやる予定だった。初代ブラックタイガーというネームバリューを考えると、お客さんがこないはずはないが、どれくらいきてくれるかが読めなかった。イベント主催者として、ロコさんに恥をかかせるわけにはいかない。待ち時間ができないよう、お客さんが途切れなくきてくれることが必要だった。

しかし、ふたを開けてみれば、そんな心配は杞憂だった。イベント開始前から僕の店の前には長蛇の列ができていた。イベントは僕の店始まって以来の大盛況で、ロコさんに会うために全国から大勢のお客さんが駆けつけてくれた。

ただ、ロコさんの様子は心配だった。長旅の疲れもあってか、明らかに辛そうだったので、

新日参戦時はファンと交流する機会がなかったため、日本でのサイン会を喜んでくれた

途中で2回ほど「中止にしましょうか?」と声をかけた。しかし、そのたびに「最高のフィーリングだ。並んでくれたファンのために最後までやるよ」と言い、4時間以上に渡るブラックタイガー&マーク・ロコの二部構成のサイン会を完走してくださった。

　この時に僕たちを助けてくれたのが、ロコさんの奥様だった。イベント中は2回の休憩時間をとったが、その度に奥様はロコさんの目の前で、イギリスにいるお子さんたちに「あなたのお父さんは日本でこんなに愛されているのよ!」、「たくさんのファンの人たちが並んでいて凄いことになってるのよ!」とメッセージを送り、モチベーションを上げてくれた。イベントは、そうした奥様のお気遣いがあって大成功となったのだ。

サイン会用のグッズを前に、プロレスラーとしてのスイッチが入る

夫妻と過ごした最高の時間

ロコさんが日本に滞在した10日間で4度ほど、食事を御一緒した。ロコさん御夫妻、僕、僕の妻と4人でイタリアンに行った時はワインを飲みながら、カタコトの英語でいろいろな話をさせてもらった。プロレスの話題はほとんどなく、人生をどう生きていくべきか、夫婦とは……といった話題が多かった。

ロコさんは成功譚だけでなく、仲間に裏切られたことや、挫折したことなども話してくれた。おふたりの夫婦関係がすばらしく、穏やかな大人の時間を過ごすことができた。

食事といえば、ロコさん御夫婦がこの滞在中に気に入られたものがあった。それはファミレスのハンバーグカレードリアだ。夜の遅い時間帯での食事となると、適当な場所が見つからず、ファミレスを頼ることが多くなる。その時もファミレスで遅い夕飯をとることになったのだが、ロコさん夫妻は日本のファミレスのレベルの高さに驚き、ハンバーグカレードリアを「こんなに美味しいものは食べたことがない！」と気に入った様子だった。

日本滞在中、ロコさんは佐山さんのリアルジャパンプロレス後楽園ホール大会をゲスト観戦し、佐山さんと久々の対面も果たした。大会終了後、ロコさん御夫妻と食事にでかけたが、やはりその時間になるとなかなか店が開いていない。するとロコさんが「先日のハンバーグカレードリアをもう一度食べたい」と言ってくれたので、滞在中、二度目のファミレスへ。楽しそうに食事をするおふたりの姿を見て、僕まで心が温かくなったのを覚えている。

おふたりが帰国してからも嬉しい報告があった。ロコさん御夫婦にサイン会用に作ったグッズをプレゼントしていたのだが、奥様がとくに気に入られたのがメキシコ製の応援用マスクだった。これを帰国してから息子さんたちにかぶせて記念撮影した写真を送ってくれたのだ。

たった一度の素晴らしい出会い。ファミレスの黄色い看板を見るたびに、あの日のロコさん御夫婦のすてきな笑顔を思い出す。

ダイナマイト・キッド —— *Dynamite Kid*

カナダへの初めての国際電話

『週刊ファイト』時代、僕はダイナマイト・キッドとのちょっとした思い出がある。

ダイナマイト・キッドといえば、初代タイガーマスクの最大のライバルだが、僕が『週刊ファイト』に入った頃は、移籍した全日本プロレスでバリバリ活躍していた。

全日本プロレスには、〝プロレス業界の同期〟ともいえるレスラーがいた。若手三羽ガラスと呼ばれていた小橋健太、菊地毅、そして北原辰巳だ。彼らとは業界入りした年が同じで、年齢も近かったこともあって親しくさせてもらっていた。

この若手三羽ガラスの中で最初に、そして結果的に唯一、長期の海外修行に行ったのが北原選手だった。北原選手の修行先は、カナダのカルガリー。ある日、フランク井上さんから北原選手に電話をしてくれ、と番号を書いた紙を渡された。初めての国際電話。かけ間違えること

【ダイナマイト・キッド】1958年12月5日生まれ。イギリス・ランカシャー出身。1975年、イギリスにて17歳でデビュー。1981年4月に初代タイガーマスクのデビュー戦の相手を務め名を馳せる。その後、全日本プロレス、WWFで活躍。2018年12月5日没。

がないよう慎重にダイヤルを押すと、聞き覚えのある声の外国人の男性が電話に出た。僕が片言の英語で「タツミはいますか?」と尋ねると、男性はしゃがれた声で「タツミー!」と呼んだ。

実はこのしゃがれた声の主は、ダイナマイト・キッドだった。

北原選手はデビュー前、佐山さんのタイガージムに所属していたこともあって、ダイナマイト・キッドに気に入られ、デビュー後すぐ海外遠征のチャンスを得た。滞在していたのは、カルガリーにあったキッドの家だった。僕はダイナマイト・キッドの自宅に電話をしていたというわけだ。話したのはその一言だけだったが、「あのダイナマイト・キッドと電話しちゃったよ」と妙に嬉しかったのを覚えている。

引退時に見せた優しい笑顔

ダイナマイト・キッドにはもう一つの思い出がある。1991年12月6日の日本武道館、僕は『週刊ゴング』のカメラマンとして、全日本プロレスの「世界最強タッグ決定リーグ戦」の最終戦をリングサイドで撮影していた。

キッドの試合前、突然、場内にアナウンスが流れた。

「お客様にお知らせいたします。次の試合に登場するダイナマイト・キッド選手は、本日、こ

キッド&スミス、カンナム・エキスプレス、マレンコ兄弟の3チームの戦いは名勝負だった

キッドの代名詞、
ダイビングヘッドバット

これが最初で最後のチャンスということで、マスコミみんなでキッド選手の控室へ。優しい表情でツーショットに成功。

の試合を最後に現役を引退することになりました」

「えーっ！」と客席から悲鳴にも似たどよめきが上がる。これには本当に驚いた。僕らマスコミもファンの方同様、何も知らされていなかった。

ダイナマイト・キッドというレスラーは、自分のスタイルを頑なに守った選手だった。ファンサービスをあえてしなかったことは有名だが、その姿勢はバックステージでも徹底されておりマスコミに笑顔を見せることもなかった。

大会終了後、僕らプロレスマスコミは、みなでキッドの控室を訪ね、記念撮影をお願いした。そこには無事に引退試合を終えた安堵からか、今までマスコミに見せなかった穏やかな表情のダイナマイト・キッドがいた。

引退まで自分を貫いたのその姿勢、ダイナマイト・キッドのプロフェッショナルな姿は、後にプロレスラーになる若者たちに多大なる影響を与え、「～キッド」という名のレスラーがたくさん出現した。

ビッグバン・ベイダー —— *Big Van Vader*

あの騒動の日に感じたこと

ビッグバン・ベイダーが日本に初登場した1987年12月27日。両国国技館は何とも言えない雰囲気に包まれていた。ビートたけしさん率いるTPG（たけしプロレス軍団）がベイダーを引き連れ、アントニオ猪木さんに挑戦状を叩きつけ、当日、カードが変更されたことで新日本プロレスファンが激怒して暴動が起きたのだ。

この時『週刊ファイト』に入りたてだった僕はリングサイドにいたが、身の危険を感じるほどだった。

当時の新日本プロレスファンは、熱烈な新日信者が多く、異種格闘技戦や日本人同士の対決など、よりシビアな戦い方を求めていたため、芸能人がプロレスに関わることに拒絶反応を示す人も多かった。その不満が爆発した形になった。

そうした背景もあって、当初、ベイダーはなかなかファンに受け入れられない状況にあった。しかし、ベイダー自身はそうした状況を変えようとしていた。二度目に来日した際、フランク井上さんから届け物を頼まれた。

「ベイダーが日本で成功した外国人レスラーの日本での試合を見たいと言っている。ウォリアーズとかハンセンとか、ブロディとか……大川くん、ビデオを持っていってくれる？」

僕は自宅で、手持ちのビデオテープから良いシーンをダビングし、井上さんに教わった新宿のホテルまで届けに行った。荒っぽい印象のあったベイダーだったが、すごく穏やかで優しい人だった。これまでたくさんの外国人選手に会ったが、ベイダーのようにビデオを取り寄せて学ぼうというレスラーはいなかった。〝日本で成功してやる〟という決意の表れだったように思う。

CM現場で見た素顔のベイダー？

ビッグバン・ベイダーは、いきなり新日本プロレスの看板外国人レスラーとなった。そのキャラクターを買われ、ソニーのラジカセのCMキャラクターに抜擢されたことがあった。たしか1989年頃だったと思う。

【ビッグバン・ベイダー】 1955年5月14日生まれ。アメリカ・デンバー出身。プロフットボーラーを経て1985年にプロレスデビュー。たけしプロレス軍団の刺客として1987年12月に新日本プロレスに初来日。その後、各主要団体で活躍。2018年6月18日没。

僕は取材でそのCMの撮影現場にいたのだが、ある事件が起きたのを目撃してしまった。撮影が一区切りつき、休憩に入ったベイダーが用意されたパイプ椅子に腰を下ろした。その瞬間、パイプ椅子が重みに耐えきれず、ぐにゃりと折れ曲がり、ベイダーが床に投げ出されてしまったのだ。

「F◯CK！」

ベイダーがカッとなって大きな声を上げる。もろいパイプ椅子を用意したのは明らかに撮影スタッフの落ち度だ。ベイダーは恥をかかせられたことに、一瞬激怒したように見えたが、すぐに我に帰ると周囲のスタッフに気を遣い、再び撮影に戻っていった。僕はその姿にプロフェッショナルを感じた。

そんなベイダーと再び接点ができたのは、２０１１年3月21日の全日本プロレス両国国技館大会だった。

会場で僕をみつけると、ベイダーの方から「よぉ、久しぶりだな！」と近づいてきてくれた。ベイダーは僕に写真を1枚撮ってくれと頼んできた。彼の息子さん（ジェシー・ホワイト）を売り出すために、ツーショット写真を撮りたいと言うのだ。タイガー・ジェット・シンもそうだったが、やはり素顔は優しい父親なんだな。僕はそう思いながら、温かい気持ちになって写真を撮ったのだった。

2011年3月21日、両国国技館のバックステージで撮影したベイダー親子のツーショット

プリンス・デヴィット ―― Prince Devitt

アメリカンドリームを掴んだ王子

新日本プロレスの道場育ちのプリンス・デヴィット。僕を含め、彼が日本にきてからの道のりを見てきた者からすれば、WWEでの成功は当然という思いがある。

僕がライフワークとして続けているものに、『フォトリブレ』という写真集がある。ジャンルを問わず、僕が一冊に残しておきたいと思った選手を取り上げた写真集で、これまで70冊以上を刊行してきた。

新日本プロレスさんにお願いし、プリンス・デヴィット特集号を実現させた。リングサイドで撮影する度、「これは世界が放っておかない存在だな」と感じていた僕は、遠くない将来、世界の舞台で活躍するだろうと思っていたから、チャンスは今しかないと思っての交渉だった。それほど僕はプリンス・デヴィットというプロレスラーの将来性に惚れ込んでいた。僕の店の

【プリンス・デヴィット】1981年7月25日生まれ。アイルランド出身。2000年6月にイギリスでデビュー。2006年に新日本プロレス入団。ベビーフェイスとして活躍後、2013年にバレットクラブを結成してヒールターン。2014年夏にWWEに移籍。

10周年記念大会を開催した際に出場してもらえたのもラッキーだった。

新日本プロレスはこれまでに多くの留学生レスラーを受け入れ、道場に住まわせて育ててきた。その多くがいま世界に羽ばたいている。今、世界では「メイド・イン・ジャパン」のプロレスラーが主役になっているのだ。その中でもプリンス・デヴィットというプロレスラーは間違いなくトップである。

プリンス・デヴィットは約10年にわたって新日本プロレスのリングで闘ってきたが、その間にWWEから声がかかったのは、一度や二度ではないはずだ。でも、そのたびに「まだ新日本プロレスでやりたいんだ」と日本で闘うことを選んできた。そういう一本気なところも、日本のファンに愛された理由である。

ついにその日が……

新日本プロレスでの後期はバレットクラブを引っ張り、ヒールとしての一面も見せたが、いつもニコニコ接してくれていたデヴィット。WWE入りを自分の中で決めた頃だと思うが、2014年に彼の出身地であるアイルランドのテレビ局が密着取材していた。その年の1月4日のドーム大会にはアイルランドから御両親を呼んでいたが、両親やテレビクルーに「彼はお

あっという間に頭角を現すと、恐れ知らずの鉄柵越えトペ・コンヒーロを披露した

世話になっている俺の大切な友人だ」と紹介してくれた。

そして、2014年4月6日、いよいよ〝その日〟がやってきた。新日本プロレスでの最後の日。プリンス・デヴィットはアポロ55を組んでいた田口隆祐選手を相手にクリーンなファイトを見せて敗れた。

その試合後のバックステージで、「今まで長い間、サポートしてくれてありがとう」とお礼を言ってくれたのだ。そういう律儀なところも、彼が愛され続ける理由の一つだろう。

WWE移籍後は、2015年7月にジャパンツアーで〝凱旋帰国〟をした。WWEのスタッフが観客に紙テープを配る粋な日本流の演出の中、NXT王座に挑戦。日本のファンの前で王者のケビン・オーエンズを倒し、見事にWWEでの初タイトルを獲得した。

個人的にデヴィットと最後に会ったのは2019年9月だった。

ドクトル・ワグナー・ジュニアを成田空港まで迎えに行くと、見覚えのある男がニコニコしながら近づいてきた。日本にいるはずのないデヴィットだった。なんでもお忍びの新婚旅行で日本にきたのだという。

新婚旅行という大切なシチュエーションに日本を選んでくれる。プリンス・デヴィットは今も日本を大切に想ってくれている。

2015年7月4日、両国国技館で開催されたWWE日本公演
「The Beast in the East」で日本凱旋し、新NXTチャンピオンとなった

【特別対談2】

WWE殿堂入りレスラーが語る外国人レジェンド

藤波辰爾

マスカラス、ブロディ、ハンセン、ホーガン……。
プロレス史に燦然と輝く外国人レスラーたちと戦ってきた
〝ドラゴン〟藤波辰爾が見た、スーパースターの実像とは？

[Profile]
1953年、大分県出身。1971年に日本プロレスでデビュー。翌年、アントニオ猪木の興した新日本プロレスに移籍。華麗なドラゴン殺法で一世を風靡した。2015年、日本人2人目のWWE殿堂入り。デビュー50周年を迎える現在もリングで戦い続けている。

ドラゴンは初来日のマスカラスをエプロンサイドで見ていた

大川　今回はお忙しいところにありがうございます。

藤波　いやいや、とんでもない。ところで、どんな本なの？

大川　僕がファン時代から見てきた外国人選手の思い出を書いていまして……。

藤波　昔の外国人レスラーは、「これぞプロレスラー！」って選手が多かったもんね。

大川　それで藤波さんにこれまで闘ってきた外国人レスラーの話をお聞かせいただければと思いまして。実は以前、マスカラスさんと話をしたら「俺の来日初戦の時、フジナミはエプロンでずっと見ていた」と言っていたんですね。

藤波　うん、マスカラスはそれを覚えていたんだよね。僕にも言ってきたし（笑）。写真も残っているしね。エプロンで見ていたのは、やっぱり憧れていたからだよ。

大川　あの来日初戦を取材されたマスコミの先輩が

ANNIVERSARY
FiELDS
福岡国際センター

「とにかく、人が飛んだんだよ！」と興奮気味に思い出話をしてくださるんです。

藤波　そうだよね、飛んだんだよ！　最初に見た時は驚いたよね。だって、今までにそういうプロレスはなかったんだから。今でも、あの日のことは覚えている。当時はテレビ中継がモノクロだったでしょ？　だから、実際に生で試合を見ていても、記憶としてはモノクロで残っているんですよ。

大川　ちなみにマスカラスさんの初来日時のエピソードはありますか？

藤波　当時、日プロには来日した外国人選手の面倒をまとめてみる付き人が１人いたんだよ。でも、マスカラスだけ専属で１人付けたんだよね。

大川　え？　最初から特別扱いだったんですか？

藤波　いや、特別扱いせざるを得ないほど人気が出ちゃった。どこいっても大勢のファンが押し寄せてきたんだから。それほど凄い人気だったんですよ。

大川　その後、藤波さんは新日本プロレス、マスカラスさんは全日本プロレスに別れました。接点は『オールスター戦』（１９７９年8月26日開催）までなかったんでしょうか？

藤波　メキシコでありましたよ。僕は１９７７年春からメキシコ入りしたんだけど、その初戦が6人タッグマッチで相手はマスカラス、アンヘル・ブランコ、ドクトル・ワグナー組だった。

大川　ＥＭＬＬ（現在のＣＭＬＬ）ですね。〝リング・フヒナミ〟のリングネームで、ルードだったんですよね？

藤波　そう。僕はゴッチさんのところで修行してからのメキシコ入りだったから、坊主頭で（笑）。でも、次の試合からはテクニコになったので、ルードはその一戦だけ。あの日、組み合った瞬間、「あぁ、これがマスカラスか……」って思ったねぇ。

大川　その次はオールスター戦ですか？

藤波　そう。メキシコには8か月いたけど、マスカラスは当時アメリカが主戦場だったから、会う機会すらほとんどなかったね。それでオールスター戦だけど、マスカラス、ジャンボ（鶴田）、僕のトリオで……僕以外が全日でしょ？　なんともいえないピリピリしたムードがあったよね。お互いに負けられないという気

2010年、メキシコシティのアレナ・メヒコの控室での一コマ。「日本プロレス初来日第一戦で、エプロンにこうやって肘をついて、藤波はセコンドで私を見ていた」と。

持ちが、あのトリプルドロップキックになったんじゃないかな。

仮面貴族FIESTAで実現したレジェンドが紡ぐ極上の空間

大川　そして、次が僕が企画した『仮面貴族FIESTA』ですよね。マスカラスさんと話をしていると何度も藤波さんのお話が出てくるので、特別な存在なのだと思って、開催決定と同時に藤波さんにオファーを出させていただきました。新木場1stRINGで試合をするのは、あの日が最初ですよね？　正直、キャパを考えると藤波さん、佐山さんにオファーを出すことに戸惑いもありました。

藤波　いや、でも、マスカラスと試合をできるから即答でしたよ（笑）。でも、正直なところ、ちょっともったいないな〜とも思ったよ。だって、会場に入れなかった人もいたからね。でも、久々にマスカラスに会えて楽しかったし、全部が完璧だったよ！

大川　僕自身、特別な空間作りを意識していたので、そう言っていただけると嬉しいです。そして、ついにIGF福岡大会（2011年2月5日）で初のシングルマッチが行われたわけですが……。

藤波　僕の40周年記念試合ということもあったけれど、いや～、楽しかったね（笑）。

大川　マスカラスさんにとっても、特別な日になったようです。藤波さん、これ、覚えていますか？

藤波　なに、これ？

大川　その日の大会のパンフレットです。僕が藤波さんとマスカラスさんにサインを入れていただいたら、藤波さんが「猪木さんにはもらわないの？」って。僕が「そんなこと言えませんよ」と言ったら、藤波さんが「じゃあ、俺がもらってきてあげるよ」って、猪木さんのサインを入れていただいたんです。

藤波　そりゃあ、入れるべきだからね（笑）。

大川　あとは大阪で藤波さん、マスカラスさん、そして長州さんでトリオを組まれた時も、試合前に長州さんをうながしてスリーショットを撮らせていただいたこともありました。いつも気をつかってくださるので感謝しています。

藤波　長州も最初はいやがるけど、本当は撮りたいんじゃないの？（笑）

大川　昔の話になりますが、新日本プロレスがマスカラスさんを引き抜こうとした、という話がありますよね。その件は藤波さんの耳にも入っていたんですか？

藤波　うん、あったね。詳しくは知らないけど、ミル・マスカラスという選手は筋を通す、みたいな話は聞いたよ。

大川　そういう話に飛びつかないんですよね。

藤波　外国人選手ってギャラを多く積まれた方に行きがちでしょ？

大川　そうですね、プロですから。

藤波　だけど、マスカラスは違って、馬場さんに筋を通して……。

大川　僕もここ10年以上、いろいろなお話をマスカラスさんとしていますけど、今でも馬場さんに対するリスペクトは凄いものがあります。

藤波　あと、僕が言うのもアレだけど……新日本プロレスに対する不安もあったと思うんだよね。当時はい

2011年2月5日、IGFの福岡国際センター大会で〝藤波辰爾デビュー40周年記念試合〟として実現した夢のシングルマッチ

ろいろなことにチャレンジしていたでしょ？　そこに巻き込まれる懸念もあったんじゃないかと思う。

ドラゴンの結論は、プロレスはアンドレに尽きる

大川　なるほど……。ところで、僕がファンの時に新日本プロレスの外国人レスラーに関する出来事で衝撃だったのはブロディの移籍だったんですね。

藤波　彼はとても緻密というか、あれだけ大きな身体だけどパワーだけに頼らないイメージがある。パートナーだったハンセンとは違ったタイプだよね。ただ、当時の新日本プロレスは、細かい技にも対応できないといけなかった。全日本プロレスは馬場さんを筆頭に、どっしりと構えたファイトスタイルだったよね。

大川　そういうカラーはありますよね。あの時、「ブロディ、面白そうだな」という期待か「なんできたんだ？」という不満、どちらでしたか？

藤波　半々だった。やはり警戒もしたし、全日本プロレスの選手と比べられるだろうなという意識もあった。

大川　やはり、そうなりますよね。全日では鶴田さんのライバルというイメージもありましたし。ところで、ハルク・ホーガンのアックスボンバーを初めて受けたのは藤波さんですよね？

藤波　いや、僕じゃなくて（木村）健悟じゃない？　彼は〝初もの〟が好きだから（笑）。

大川　（笑）そうだったんですね。当時のホーガンについて、藤波さんはどう思われていましたか？

藤波　最初は馬力だけでどうかと思ったけれど、来日する度にスターになっていくのがわかったよね。新日に、そして最後は猪木さんに磨かれるというのかな。それは多くの外国人選手がそうだったんじゃないかな。

大川　そうですよね、タイガー・ジェット・シンやスタン・ハンセンといった選手は新日本プロレスでスターになっていきましたから。後期はビッグバン・ベイダーですとか……。

藤波　ベイダーは粗削りだけど凄い迫力だった。僕が長期欠場する腰のケガの原因になったバックドロップは強烈だったね。シンなんて客席から乱入するという

昔の話を聞いてもどんどんエピソードが出てくる。藤波さんの抜群の記憶力に驚かされた。

驚きの登場だったし、ハンセンもロープを振り回しながら入場してきて、「出てくるだけでいい」って満足感があったと思うし、それがプロレスラーとして魅力だったよね。そう考えるとやっぱり、プロレスはすべてアンドレ（ザ・ジャイアント）に尽きるよね！

大川　たしかにそうですね。アンドレといえば、マスカラスさんが「どこのテリトリーでも自由に行き来できたのは私とアンドレだけだ。それだけ特別な存在なんだ」という話をよくされるんですね。

藤波　それはスターだからですよ。その2人は特別な大会にしかこないですよ。僕が1970年代半ばにノースカロライナにいた時、2万人規模の大会になると必ず出ていたからね。必ずお客さんを呼ぶわけだから。アメリカの興行はファイトマネーがその日の客入りによって決まるから、あの2人が大会に出場するのは大歓迎なんですよ、自分らも儲かるから（笑）。

大川　だから特別扱いされても、他のレスラーに嫌われないわけですね。

藤波　そういうことだね。でも、アメリカでのアンドレにはマイッたよ。僕を見つけると「一緒に移動しよう」って、飛行機代も出してくれるんです。だけど、彼のお酒に付き合わなくちゃいけなくてねぇ……アンドレって、どれだけ酒を飲むか知ってる？

大川 噂では聞いたことがありますが、相当な量ですよね？

藤波 まず、空港に着くと、待合室から水代わりにビールを飲むんだけど、アメリカの瓶ビールって小さいんですよ。だからオロナミンCを飲んでるみたい（笑）。それが永遠と続くんだから……。

アントニオ猪木に次いで、WWEの殿堂に選出

大川 藤波さんがアメリカでアンドレと接点があったとは意外でした。

藤波 あとはノースカロライナだったからリック・フレアーが頭角を現してきた頃でね。そのフレアーと後にドームでタイトルマッチ（1991年3月21日）をやるなんてね。WWEの殿堂入り（2015年3月）も彼からの推薦だったし、何か縁があったんだろうね。

大川 あ、フレアーからの推薦だったんですね！　やはり、匠は匠を知るというか……。

藤波 いやいや（笑）。あとはジュニア時代のマジソンスクエアガーデンでの試合も評価されたと思うけど、フレアーの推薦が大きかったみたい。

大川 WWEのホール・オブ・フェームの表彰式典は拘束時間が長いですよね？

藤波 もちろん、WWEによる式典があるのは知っていたんだけど、僕は東京スポーツ主催のプロレス大賞の授賞式程度の規模だと思っていたんだよ。

大川 （笑）

藤波 そうしたらさ、何から何まで桁違いで……たとえるならばアカデミー賞ですよね、プロレス界の。

大川 僕もマスカラスさんが受賞した時（2012年）に同行させていただいたのですが、開催地がWWE一色になりますからね。

藤波 ホテルもレッスルマニアのためにアレンジされていたり、本当にすべてが桁違いだった。

大川 そういえば、以前、藤波さんの奥様から教えて

アレナ・メヒコの控室前の通路で撮影させていただいたポーズ写真

いただいたのですが、式典の翌日にレッスルマニアの大会中に受賞者のお披露目がありますよね。奥様はレッスルマニア後にご家族で一緒に写真を撮りたかったのに、終わって会った時には藤波さんはすでにタキシードを脱がれていたという（笑）。

藤波　いや、だって、当日は家族とは会えないし、拘束時間も桁外れに長かったからさ、疲れちゃって（笑）。

大川　そうですよね。時差ボケもありますし、あのお披露目はただでさえ長時間のレッスルマニアの途中で、突然という感じで始まりますから、拘束されているうえに時間も読めませんし。

藤波　だけど、全世界からファンが集まっているから、独特の雰囲気があったよね。日本の国旗を振ってくれるファンもいて嬉しかった！

大川　僕が残念なのは、あの式典に招かれて表彰されたという事実が、日本にうまく伝わっていないことなんです。あの場にいたら、ＷＷＥの殿堂に選ばれることがどれだけ凄いことなのか分かるんですが……。

藤波　まあね。でも、個人的には式典でスピーチしなきゃいけないから、そっちのほうが気になって。よけいに前の晩に寝れなくなっちゃったよ（笑）。

大川　（笑）最後になりますが藤波さんに一番影響を与えた外国人レスラーって誰なのでしょうか？

藤波　やはり、カール・ゴッチですよ。僕は格闘技の経験がまったくなくてプロレス入りをした。プロレスのイロハをすべて教えてくれたのがゴッチさんだったから。技術だけではなく、レスラーの誇りとかも教えてもらったから。

大川　今なお語り継がれているほどですから、やはり、とても厳しかったのですか？

藤波　そりゃあ、もう厳しいなんてものじゃなかった。だけど、あのマンツーマンの特訓があったからこそ、僕はいろいろな選手と渡り合えたのだと思う。たとえば、長州なんてオリンピックのアマレスの代表選手だったんだよ。そりゃ、強いなんてもんじゃなかった。でも、その長州とやり合えたのは、ゴッチさんの特訓があったからだね。そういう意味でも、やはり一番影響を受けたのはゴッチさんです。

大川　最後に良いお話を聞けて嬉しかったです。今日は素敵なお話をありがとうございました。

【第五章】アメリカンプロレスのレジェンド

エディ・ゲレロ

Eddie Guerrero

ノーテレビの会場で見せた伝説の一戦

僕がエディ・ゲレロと初めて会ったのは、1991年1月のこと。取材でロサンゼルスに行った際、同行した人物に「国境を越えたメキシコのティファナでビッグマッチがあるので行ってみないか?」と誘われた。

誘われるままに行ってみると、たしかに会場自体は大きい。しかし、試合開始時刻になっても、全然お客さんが入らない。出場した選手は地元の無名選手ばかりだった。そんな中で、唯一知っていたのが、エディ・ゲレロだった。

ゲレロ一家といえば、日本では兄のチャボ・ゲレロが新日、全日の両団体で活躍していた。大会終了後にバックステージに行き、ポーズ写真を撮らせてもらった。話してみると同学年ということが分かり、すぐに打ち解けた。

【エディ・ゲレロ】1967年10月9日生まれ。アメリカ・テキサス州出身。父親、兄弟共にプロレスラーというレスリング一家に育つ。90年代前半は二代目ブラックタイガーとして活躍。2000年にWWFへ、メキシコ系初のWWE王者に輝く。2005年11月13日没。

再会の機会はすぐに訪れた。この翌年から僕はメキシコシティでの取材を開始し、EMLL（現CMLL）の会場に足を運ぶようになった。その総本山のアレナ・メヒコで再会した時、エディはマスカラ・マヒカ（初代）というマスクマンに変身していた。団体に期待されての新キャラへの変身だったが、本人の希望ではなかった。エディが育ったゲレロ家は、ルチャの名門一族。その中でも、エディは天才肌で知られていた。本人としては、素顔で血の騒ぐような試合がやりたかったようだ。結局、エディはEMLLのライバル団体であるAAAへの移籍を決断。初登場の舞台でそのマスクを脱ぎ、エディ・ゲレロとして闘うことを選択した。

当時のAAAは世界進出を模索しており、メキシコ人と外国人の戦いを主軸にしていた。その中で、エディは盟友ラブ・マシーン（アート・バー）とタッグを結成。アメリカ出身のルードコンビとして暴れまくった。大人気コンビ、サント&オクタゴンとの抗争はAAA初期の目玉カードとなり、AAAの全米進出の原動力となった。

ちょうど同じ時期、エディは新日本プロレスにもレギュラー参戦する。日本では逆にマスクを被り、二代目ブラックタイガーに変身。これが日本での飛躍のきっかけとなった。エディ自身はあの人懐っこい童顔からも推測できるように、めちゃくちゃ優しい人柄だが、実は激しい気性をも持ち合わせていた。

この時代の新日ジュニアは、世界最高峰の選手が集まっていた。その中でエディはブラック

AAAで素顔となり、盟友ラブ・マシーンとのコンビでルードとして開花した

タイガーとしてその才能を開花させた。この二代目ブラックタイガー時代のエピソードとして思い出されるのが、1995年7月4日、青森市民体育館におけるベスト・オブ・ザ・スーパージュニアの公式戦、ワイルド・ペガサス（後のクリス・ベノワ）戦だ。

ノーテレビの地方会場というシチュエーションだったが、2人は「これでもか！」というほどスリリングな攻防を繰り広げ、20分以上も観客を沸かせた。試合後は感動したマスコミがエディの控室に殺到、試合を見ていた新日本プロレスの選手も絶賛する名勝負だった。2人は後にWWEでスーパースターになるが、その片りんを見せた試合と言えるかもしれない。

1枚のマスクの思い出

エディはその後、2000年にWWF（現WWE）に入団するも、やがて離脱。新日本プロレスに復帰をする。久々の再会は、2002年3月8日の新潟市体育館大会。バックステージで僕とエディが立ち話をしていると、TEAM2000のリーダー、蝶野正洋さんが「大川君、エディと仲良いの？　今夜、みんなでご飯にいくから一緒にきなよ」と誘ってくれたのだ。

そのシリーズの最終戦の東京体育館でエディに「次はいつ来日するのか」と聞くと、声を潜めて「実はWWEから復帰の話があるんだ」と教えてくれた。エディはその翌月、WWEに電

新日マットでは二代目ブラックタイガーとして、世界最高峰のジュニアスタイルを魅せた

撃復帰を果たすが、これがエディと交わした最後の会話になってしまった。

以前、ある雑誌の企画で僕が大切にしているマスクの1枚として、エディのマスカラ・マヒカを紹介したことがある。このマスクを手に入れたのは、エディが二代目ブラックタイガーになったばかりの頃だった。どうしても手に入れたくて、彼が定宿にしていたメキシコシティのホテルに電話をかけて頼んだのだ。

マヒカのマスクを譲ってくれないかと頼むと、「わかった。今度、日本に持っていくよ」と言ってくれた。それから数か月後、新日本プロレスの横浜アリーナ大会、試合開始前にエディに呼び出された。そして「レガロ（プレゼント）だよ」と、笑顔でマヒカのマスクを渡してくれたのだ。僕はエディが数か月前の約束を覚えていて、わざわざ日本までマスクを持ってきてくれたことに感激してしまった。

エディの最大の功績は、やはりジュニアヘビー級の身体でWWEの頂点に立ったことだろう。WWEのトップグループは、大型のレスラーが中心だった。その中で、体格で劣るエディが団体最高峰のベルトを巻いたのは奇跡的なことだ。その後、クリス・ベノワやレイ・ミステリオが続き、近年も日本のジュニアヘビー級出身のレスラーがWWEのトップ戦線で活躍している。それを考えるとエディはプロレスの可能性を広げたと言えるのかもしれない。今でも「誰が世界最高のレスラーだと思いますか？」と聞かれたら、僕は迷わず「エディ・ゲレロ」と答える。

EMLL にマスカラ・マヒカとして登場したエディ

いつでもあの頃を思い出せる、大切な２枚のマスク

ハルク・ホーガン

Hulk Hogan

スーパースターのオーラ

アメリカンプロレスの象徴であるハルク・ホーガン。昭和の外国人レスラーの中では、世界で一番成功したプロレスラーといってもいいだろう。この世界での大成功の裏には、藤波さんとの対談での証言からもわかるように、ＷＷＦ（現ＷＷＥ）入り前に新日本プロレスで得た経験が不可欠だったように思う。中でもアントニオ猪木さんの存在なくしては語れない。

１９８３年６月２日、蔵前国技館で行われた第一回「ＩＷＧＰ決勝リーグ戦」の優勝戦、ロープ際のアントニオ猪木にホーガンが放ったアックス・ボンバーでアントニオ猪木が失神ＫＯ。ホーガンが優勝し、ポスト・ハンセンの座に上り詰めた。

アメリカではサンダーリップス役で映画『ロッキー３』出演、１９８７年の「レッスルマニアⅢ」でのアンドレ・ザ・ジャイアントとの世紀の対決を経て頂点を極めた。このハルク・ホー

【ハルク・ホーガン】 1953年8月11日生まれ。アメリカ・フロリダ州出身。1977年デビュー。新日本プロレスで大人気となり、1983年にWWF（当時）へ。アメリカを代表するプロレスラーに。ハリウッド、リアルアメリカンなどの異名を持つ。

ガンvsアンドレ・ザ・ジャイアントの世紀の対決の舞台裏は、アメリカのＨＢＯ製作のアンドレ・ザ・ジャイアントのドキュメンタリー番組で扱われている。日本ではＪＳＰＯＲＴＳの「Ｔｈｅ ＲＥＡＬ」で字幕放送されたが、多方面からの証言で非常に興味深い内容だった。

世界的なスーパースターとなったホーガンを僕は何度か取材する機会を得た。

カメラマンとして接したホーガンは、とにかく品があった。世界的なスターなのに、決して偉ぶることはなく、カメラを向けると快く撮影に応じてくれる。同じくアメリカで大スターになったビル・ゴールドバーグからも同じことを感じたが、すべてにおいて余裕があるというのだろうか。そういう高貴でありながら、大らかなオーラを感じたのだ。

ホーガンとのエピソードで印象に残っているのが、映画のＰＲで来日した時の取材だ。自身の主演映画が公開されるということで、ホーガンは新宿歌舞伎町の映画館を訪れ、舞台挨拶に参加。続いてテレビの情報番組に出演するため、当時、麹町にあった日本テレビに向かった。僕は取材班のひとりとして、ホーガンに同行し、行く先々でその姿を写真に収めた。

そして日本テレビで貴重なツーショットの撮影に成功する。

同じ番組に偶然、ＪＷＰのキューティー鈴木選手がゲスト出演していたのだ。テレビの収録後、キューティー選手をホーガンの控室に連れていき、異色のツーショットが実現した。僕以外のマスコミはいなかったので、『週刊ゴング』の独占スクープとなった。

日本テレビの控室で実現したキューティー鈴木＆ハルク・ホーガンの〝夢のツーショット〟

ジ・アンダーテイカー——*The Undertaker*

去りゆく背中にプロを見た…

２０１２年4月1日。僕はマイアミで『レッスルマニアＸＸⅧ』を観戦していた。その中盤戦、天井からケージが降りてきて、〝ヘル・イン・ア・セル〟という金網マッチ形式の試合が始まった。ケージの中にいたのは、ＨＨＨ、その対角線にジ・アンダーテイカー、そしてスペシャルレフェリーとしてショーン・マイケルズ……。極上の3人が試合を紡いでいく。これ以上にない最上級のプロレスに感動しながら、頭のどこかで「あぁ、昔、僕はあのアンダーテイカーを日本で二度も撮影しているんだよな」と思い出していた。

一番最初は『週刊ゴング』に入ったばかりの頃。まだアンダーテイカーになる前、〝パニッシャー・ダイス・モーガン〟として新日本プロレスに来日した際にインタビューで撮影を担当したのだ。１９９０年3月、場所は愛知県体育館。パニッシャー・ダイス・モーガンとして来

【ジ・アンダーテイカー】1965年3月24日生まれ。アメリカ・テキサス州出身。1984年デビュー。1990年にWWF(当時)入りし、墓堀り人ギミックで人気を博す。年間最大イベントのレッスルマニアでは21連勝を達成。2020年6月に事実上の引退宣言をした。

日したのは、そのシリーズが最初で最後だったので、とてもレアな場面に居合わせたということになる。

モーガンはその半年後にＷＷＦ（当時）に移籍し、世界を代表するプロレスラー・アンダーテイカーが誕生した。

２０２０年6月に現役引退を表明するまで、何度か来日しているが、その中で一番印象に残っているのが、みちのくプロレスの両国大会（１９９７年10月10日）だ。

大会の数日前、僕は竹内さんに社長室に呼ばれた。緊張して社長室に行くと、「今度、アンダーテイカーのインタビューをやるから撮影を頼みたい」と直々に指名していただいたのだ。

僕が指名された理由は、僕がアメリカンプロレスを好きだということを竹内さんが知っていたのと、僕が『週刊ゴング』に移籍したばかりの頃に、墓地で撮影をしたことがあることを覚えていてくれたからかもしれない。

その時に撮影したのは、ジャパン女子プロレスに来日したデメンティアという怪奇派レスラーだった。不気味な雰囲気を出したかったので、彼女を青山墓地に連れて行き、フィルムを高感度で撮影してザラザラした雰囲気の写真にしたのだ。「こういう写真を撮りたい！」と表現できた初めての撮影方法だったため、印象に残っている。それを竹内さんは覚えていてくれたのかもしれない。

憧れだったブロディとデビュー戦

——ミスター・モーガン、デビュー戦は、故ブルーザー・ブロディと対戦したそうですね。

パニッシャー　その通りだ。正確な月日は忘れたが、'87年の早い時期だった。場所はダラスのスポータトリアムのリングだったよ。

——ブルーザー・ブロディとシングルマッチとは、破格のデビュー戦と言えるんじゃないですか？

パニッシャー　俺もラッキーだったと思う。ブロディは俺の憧れのレスラーだった。俺がプロに入った理由の一つに、彼の存在があったことは事実だよ。試合はブロディのパワーに完全に押されたが、俺は無我夢中で戦って両者リングアウトに持ち込んだ。以後、3回戦って決着は付かなかったが、最もタフなレスラーだと肌で感じた。

——ブロディに憧れていたということは、プロレス・ファンだったのですか？


バスケット、フットボール、レスリングで鍛え上げた俺の大きな手を見てフリッツは言った——

2メートル3センチを誇示するパニッシャー・モーガンのポーズ。

パニッシャー・ダイス・モーガンとしての初来日時の貴重なインタビューに立ち会えた

「その雰囲気で、あとは日本での撮影なので和のイメージで撮りたい」

竹内さんにはそうオーダーされたが、若かった僕にはけっこうなプレッシャーを感じる仕事だった。当時、アンダーテイカーの個別取材ができるのは『週刊ゴング』くらいなもの。僕の不手際は、イコール日本のマスコミの不手際になってしまうので、絶対に失敗できない。しかし、こうした企画を通してしまうのだから、竹内さんはやはり凄い。まさに〝ゴングイズム〟だ。

当日のこと。撮影場所は都内の某墓地。薄暗い墓地で火を焚き、その向こう側にアンダーテイカーに立ってもらい撮影した。

スケジュールの関係で、撮影時間は5分あったかないか……。それだけ短いと試し撮りでポラを切る余裕もない。そのわずかな時間内で3、4パターンを撮っていく。アンダーテイカーと言葉を交わす余裕もない。もの凄いプレッシャーの中での撮影だった。

撮影後、アンダーテイカーが着替えて終了。現場にいたのはわずか10分くらいだった。その後、竹内さんとWWFのスタッフたちは食事に出かけていった。若かった僕が入り込む余地がないほど、竹内さんやアンダーテイカーは〝一流の大人たちの世界観〟を醸し出してた。あの後ろ姿は一生、忘れられない。

苦心しながら撮ったその写真はうれしいことに表紙を飾った。業界での評判も上々で、安心するとともに、少しは竹内さんの期待に応えられたのかな、と達成感を得ることができた。

東京・文京区の某墓地での撮影のハイライトは、炎の向こう側に立つアンダーテイカー

ビル・ゴールドバーグ――Bill Goldberg

連勝男の気さくな素顔

デビューから積み重ねた連勝の数、173。アメリカから流れてくる情報を見るたびに、「凄い選手が出てきたな」と思ったのが、ビル・ゴールドバーグだ。

ゴールドバーグとの〝初遭遇〟は2002年8月28日の『史上最大の格闘技ワールド・カップ Dynamite! SUMMER NIGHT FEVER in 国立』だった。ゴールドバーグはゲストとして、リングサイド席で観戦していた。思わずカメラを向けると、気さくに撮影に応じてくれた。

その2日後の全日本プロレス・日本武道館大会で日本初マットを踏む。対戦相手は、小島聡選手。わずか4分2秒で勝利したことが衝撃的だった。

試合後、ゴールドバーグのもとにマスコミが列を成した。みんな世界的なスーパースターと記念写真を撮りたいのだ。ゴールドバーグは嫌な顔ひとつせず、記念写真に応じている。僕は

【ビル・ゴールドバーグ】1966年12月27日生まれ。アメリカ・オクラホマ州出身。NFLで活躍後にWCW入団。1997年にデビューすると必殺技のジャックハマーで173連勝を樹立。2003年3月、WWEに移籍。1年で退団するも後に復帰。俳優としても活動。

「最後にビッグスマイルを下さい」の筆者の一言に最高の笑顔を見せた

行列が途絶えるのを待って、ゴールドバーグに声をかけた。

当時、僕はレスラーのタトゥーを撮ることをライフワークにしていた。当時はかっこいいタトゥーを入れる選手が増えていた頃で、「いつか作品集として出せたらいいな」と思い、コツコツと撮り溜めていたのだ。ゴールドバーグの右腕には立派なタトゥーが入っている。カタコトの英語で「あなたのタトゥーの写真を撮らせてください」と頼んでみた。ゴールドバーグは「(控室の)中に入っていいよ」とニッコリ笑って、僕を控室に招き入れてくれたのだ。シャツを脱いで、いろいろな角度から撮らせてくれた。1パーセントの気取りもない、とても気さくな方だった。

その後、ハッスルで来日した際、『週刊ゴング』でインタビューをすることになり、その撮影を担当した。タトゥーを撮らせてもらった時の印象があったので、取材の最後に「ビッグスマイルをください」とお願いした。強さを全面に出した直線的なファイトスタイルのゴールドバーグだが、僕はあの日の控室で見せてくれた気さくな一面こそ、本当の魅力だと思っていた。ゴールドバーグは僕の注文に、右ページの最高の笑顔で応えてくれた。

アルベルト・デル・リオ

Alberto Del Rio

WWEが欲しがった才能

アルベルト・デル・リオ、日本のファンにはドス・カラス・ジュニアの方が馴染み深いかもしれない。アルベルトとは、父ドス・カラスさんとの関係もあり、彼がメキシコのCMLLに参戦していた頃からの長い付き合いだ。

体格に恵まれ、身体能力も抜群で、レスリングに華がある。リングサイドで撮影していて、アルベルトはいつか、より大きな舞台に行くだろうと思っていた。WWEから3年契約の話があったと聞いたのは、それからしばらくしてのことだった。

WWE入り直後、本人はマスクマンのドス・カラス・ジュニアとしてリングに上がりたかったようだが、ビンス・マクマホンから「お前はなんでそんなに男前なのに、顔を隠すんだ」と素顔でやることを勧められたという。FCWという下部団体での下積みの日々に、アルベルト

【アルベルト・デル・リオ】1977年5月25日生まれ。メキシコ・サン・ルイス・ポトシ出身。父はドス・カラス。14歳でレスリングを始め、2000年にデビュー。2009年にWWE傘下のFCWに移籍。翌年にWWE昇格し、メキシコ人初のWWE王座も獲得した

は何度かＷＷＥの退団を考え、そのたびに素材を見込んでいた上層部に引き止められていた。

そんなアルベルトが開花したのは、メキシコの大富豪キャラを得てからのこと。またたくまに出世の階段を駆け上がり、２０１１年8月の「SummerSlam 2011」でメキシコ人初のＷＷＥ世界王座を獲得するなど、大ブレークを果たした。

スターになっても変わらない人柄

ＷＷＥのスーパースターになっても、その人柄はまったく変わらなかった。ＷＷＥの日本公演の際には「招待するから奥さんと観にきてくれ」とチケットを送ってくれた。

２０１１年11月のＷＷＥ日本公演で来日した際には、アルベルトと食事に出かけた。現在、ＷＷＥのトップに君臨しているマッキンタイアも一緒だった。

その帰り、タクシーの中でアルベルトがこう言ってくれた。

「レッスルマニアに合わせて、マイアミで結婚式を挙げるんだ。もしノボルがきてくれるなら、レッスルマニアのチケットも全部手配するよ」

僕は「行くよ」と即答した。フリーランスだからスケジュールはどうにでもなる。この特別な縁を逃してはいけない気がしたのだ。

WWE 日本公演の際、親友のマッキンタイアとともに「焼肉ハウス三宝」を訪れた

WWE 入り直前、アルベルトの運転でメキシコシティ内で
ドス・カラス・ジュニアとして最後の撮影をした

レッスルマニアの翌日に行われたRAWマイアミ大会

現地では、僕はアルベルトの家族の一員として扱われた。レッスルマニア、ホール・オブ・フェーム……常にマスカラスさん一行と一緒に動かせてもらった。関係者サイドから見るレッスルマニアは、本当にすごかった。宿泊先のホテル、移動に使うバス、選手の家族に対するケア……すべてのスケールが大きく、これが世界一のエンターテインメント団体かと価値観が揺らぐほどの衝撃を受けた。

ちょうどこの頃、僕は自分の店の10周年記念興行を終えたこともあり、メキシコでの活動と興行に一区切りつけようと思っていた。

言うなれば人生の目標を失いかけていたわけだが、このレッスルマニアをきっかけに頻繁にアメリカを訪れるようになる。アルベルトのおかげで新しい目標を見つけられたのだ。

【第六章】ルチャリブレのレジェンド

ドス・カラス

Dos Caras

子どもの頃に一番好きだったマスクマン

もしかしたら子どもの頃はミル・マスカラスよりもドス・カラスが好きだったかもしれない……大人になった今、改めて振り返るとそう思う。

僕が初めて後楽園ホールに行ったのは、1980年3月2日の全日本プロレス『'80エキサイト・シリーズ』後楽園ホール大会。しかも、初めての最前列での観戦というおまけつきだった。

その日のメインイベントは、ドス・カラスvsドクトル・ワグナー。全日本プロレスでは珍しいルチャドール同士のシングルマッチが、UWAメキシコ・ライトヘビー級選手権として行われた。

大会後は出待ちをし、ドス・カラスから直接サインをもらえ、1日で心を奪われた。

ドス・カラスはとても陽気で、人生を楽しく過ごそうとするタイプだ。

【ドス・カラス】1951年2月21日生まれ。メキシコ・サン・ルイス・ポトシ出身。教師をしていたが兄のマスカラスの影響で1970年にデビュー。全日～新日への来日を経てインディ団体にも出場。1995年には『第1回 覆面ワールドリーグ戦』優勝。

とにかく、いつもニコニコとしており、大らかで決して「No！」と言わない。その優しい性格に、僕は何度も助けてもらった。

たとえば、マスカラス3兄弟のスリーショットの撮影などもそうだ。

3兄弟のスリーショットはなかなか撮ることができない。だが、ドス・カラスに頼むと、マスカラスさんやシコデリコに声をかけて、撮影が円滑にいくようにサポートしてくれる。

ドス・カラスと一緒にいると、兄マスカラスさんへの尊敬の気持ちを感じることがよくあった。兄がこれまでどれほど努力をしているのかを一番近くで見ているし、ともに日本で活躍できたという感謝もある。兄を立てつつも、僕のことも助けてくれる。気遣いの人なのだ。

飛鳥仮面FIESTA

日本ではミル・マスカラスの弟というイメージが強いドス・カラスだが、本当はもっと評価されてしかるべき、というのが僕の考えだ。

マスカラスさんがアメリカや日本で活躍していた時、メキシコのUWAという団体でトップを張っていたのは、カネックであり、ドス・カラスだった。UWAにはルー・テーズやブッチャー、タイガー・ジェット・シン、ベイダーなど錚々たる外国人レスラーが上がったが、そ

1980年3月2日後楽園ホール、メキシコ人同士のシングルマッチが
全日本プロレスのメインイベントを飾った

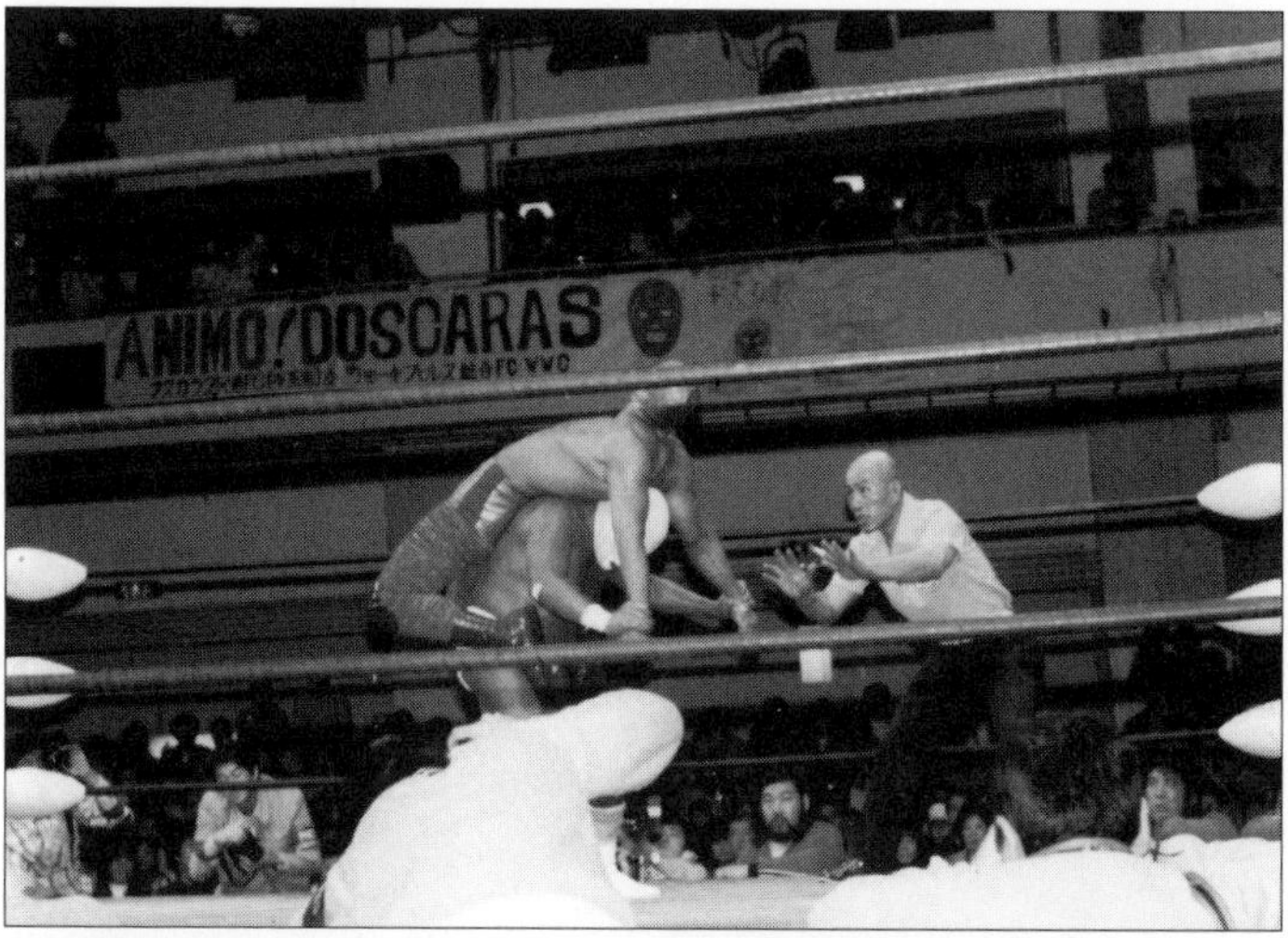

西側バルコニーには「ANIMO（がんばれ）！DOSCARAS」の垂れ幕が掛かっている

れらを迎え撃ったのは、カネックとドス・カラスだった。

そんなドス・カラスにスポットライトが当たる大会を開催しようと思い、２００９年12月20日、新木場1ｓｔＲＩＮＧで開催したのが、『飛鳥仮面ＦＩＥＳＴＡ』だった。

会場はドス・カラスの勇姿を見ようと集まったファンで満員になった。

ルチャリブレ色の強いカードにしようと思い、メインイベントはドス・カラス、ウルティモ・ドラゴン、グラン浜田組に、かつてマスカラ戦をブチ挙げた因縁の相手、ザ・グレート・サスケにエル・サムライ、ＮＯＳＡＷＡ論外の３人が挑む６人タッグマッチ。

ドス・カラスはどんなに小さな会場でも、いつも全力ファイトを見せてくれる。この日も、全盛期を思わせるビルドアップされた肉体、フライング・クロスチョップやフライング・ヘッドシザーズといった得意技を繰り出し、最後はカンパーナでエル・サムライをとらえてギブアップを奪った。

ハヤブサに見せた男気

ドス・カラスは男気のある人でもある。

記憶に強く残っているのが、ハヤブサのメキシコ遠征での出来事だ。

ライガーさんのメキシコ遠征時、アレナ・プエブラで実現したツーショット

対談の際には、自らのマスクをハヤブサへプレゼントしてくれた

2012年5月、サムライTVの撮影クルー、健介オフィスの力をお借りして、ハヤブサとメキシコ遠征に出かけた。この遠征の目玉のひとつに、ある人気ルチャドールとの対談があったが、直前になって中止になってしまう。困っていた時に「俺で良ければ」と出演してくださったのがドス・カラスだった。

後日、ドス・カラスが来日した時、このメキシコ遠征の話題になると「ハヤブサの体調はどうだ？　彼も大変なんだろう？」とコスチューム一式を取り出して、「これをノボルの店で売ってくれ。そして売り上げを全部ハヤブサに渡してくれないか？」と言うのだ。

この話を伝え聞いた時のハヤブサの嬉しそうな顔はいまでも忘れない。ドス・カラスの優しさを間近で見てきたから、子どもの頃に初めて最前列で観戦した時のドス・カラスへの憧れの気持ちがずっと変わらないのかもしれない。

これからもドス・カラスファミリーとは、良い関係を続けていければいいなと思っている。

ドクトル・ワグナー・ジュニア

―― *Dr. Wagner Jr.*

現代ルチャのカリスマ

第二代ＩＷＧＰジュニアのタッグチャンピオンになるなど、新日本プロレスのジュニアで活躍したドクトル・ワグナー・ジュニア。日本でも一定の評価は受けているが、僕はワグナーほど母国の人気が日本に伝わっていないレスラーはいないのではないかと思う。

メキシコでのワグナーは、現代のルチャリブレ界一番の大物だ。会場にはいつも熱狂的なファンが詰めかけ、その人気ぶりは〝ルチャリブレのカリスマ〟といっても過言ではない。

僕がワグナーと親しくなったのは、彼が新日本プロレスのシリーズに定期的に参戦するようになってからだ。

ちょうどその頃、僕もメキシコを頻繁に旅するようになっていた。ワグナーがＩＷＧＰジュニアタッグのベルトを獲った頃、『週刊ゴング』の取材でワグナーの自宅に行き、一緒に食事

【ドクトル・ワグナー・ジュニア】1965年8月12日生まれ。メキシコ・コアウイラ州出身。1986年デビュー。90年代後期の新日ジュニアで活躍。2017年8月26日、サイコ・クラウンに敗れマスクを脱ぎ、以後、レイ・ワグナーを名乗ることも。

インタビュー後、自宅に招かれ食事を御馳走になった

をしたことで一気に距離が縮まった。

現地でのワグナーの活躍ぶりを知り、僕がリスペクトの気持ちを持って接していることにワグナーも気づいて、心を開いてくれたのかもしれない。以来、良好な信頼関係が続いている。

思い出の一枚のマスク

メキシコ滞在中は、ビッグマッチがあるとワグナーの試合を撮影した。

2004年9月17日に行われたCMLLの年間最大の興行『アニベルサリオ71』でも、ワグナーはメインイベントのリングに上がった。対戦カードはワグナーvsカネックvsラヨ・デ・ハリスコ・ジュニアvsウニベルソ・

マスカラ戦の翌週、「マスカラ戦４WAY」コラボマスクでアレナメヒコに登場

ドスミルという四つ巴えのマスカラ・コントラ・マスカラ。敗者がマスクを脱ぎ素顔になるという試合だ。

僕はこの晴れの舞台に花を添えるために、ワグナーに贈り物をしようと思い、日本でオオヤ氏に４選手のデザインをコラボした特別なオーバーマスクを発注し、メキシコへ持参していた。

しかし、大会直前、ワグナーの父親のドクトル・ワグナーが亡くなってしまう。ワグナーは気を落としていたが、試合に穴を開けることなくメインイベントを務めた。試合前には父親の真っ白なマスクを被り、涙のセレモニー。とてもオーバーマスクの話などできる状況ではない。

試合後、オオヤ製の４選手コラボマスクを

見せると、ワグナーは「ビエン、ビエン（いいね、いいね）」と気に入ってくれた。そして翌週のアレナ・メヒコの入場で被ると、そのマスクにあの日メインイベントを飾った4人のサインを入れて、逆に僕にプレゼントしてくれたのだ。

父親を亡くして大変な時期に、ここまでの気遣いをしてくれる。このオーバーマスクは一生忘れられない思い出の品として、いまでも大切に保管している。

ついにマスクを脱ぐ日が…

ドクトル・ワグナー・ジュニアが世紀の一戦に臨む時がやってきた。

２０１７年8月26日、ＡＡＡの年間最大の大会『トリプレマニア』におけるサイコ・クラウンとのマスカラ戦。この試合を僕はリングサイドで撮影することができた。

話はさかのぼってその年の5月。ロッシー小川さんの還暦パーティーに出席するために、ワグナーは息子のイホ・デ・ドクトル・ワグナー・ジュニアをともない来日した。そこで顔を合わせた時、「マスカラ・コントラ・マスカラを、サイコ・クラウンとやることになりそうだ」と教えてくれた。サイコ・クラウンもＡＡＡのスペルエストレージャ。トップ中のトップのマスクマンが互いのマスクを賭けて闘う。まさに〝世紀の一戦〟となる。

超大物同士のマスカラ戦実現を報じる新聞が街中に

「マスカラ戦をやることになったら、メキシコにきてくれるか」

ワグナーは続けて言った。もちろん行けるものなら行きたい。でも、僕は『週刊ゴング』という媒体を廃刊で失っている。写真を撮っても掲載を約束できる場所がないので、ＡＡＡは僕を取材者とは認めてくれないかもしれない。僕が不安を口にすると、ワグナーは「オレがＡＡＡに掛け合うから大丈夫だ」と力強く言った。

後日、ワグナーから「すべて大丈夫だから、こられるんだったら奥さんと一緒にメキシコにきてくれ」と連絡があった。僕は妻の分と合わせて2枚、航空券を予約した。

こうして招待された『トリプレマニア』では、ＡＡＡという団体の凄さを見せつけられ

世紀のマスカラ戦の舞台、アレナ・シウダ・デ・メヒコは超満員の観衆で埋まった

た。出場選手と関係者は、前日から会場近くの高級ホテルに宿泊したが、フロア全体をＡＡＡが借り切っている。ドアノブにかけるプラカードなども、すべてトリプレマニア仕様。これはＷＷＥのレッスルマニアと同様だった。

ワグナーの部屋に行くと取材パスをくれた。バックヤードや控室など、すべての場所に出入りできるオールアクセスのパスだった。妻には前から2列目の席を用意してくれていた。

試合当日は、ワグナーと一緒に試合開始の10時間前に会場入りした。

ワグナーは僕をＡＡＡの社長がいる個室へ連れていくと、一緒に挨拶し、しっかり筋を通してくれた。

会場にはワグナー個人の控室が用意されており、控室への出入りが許されたのはワグ

人気者同士のマスカラ戦が遂に実現

壮絶な戦いの果てにワグナーはマスクを失った。息子が勝者のサイコ・クラウンにマスクを渡すと、サイコ・クラウンはそれを誇示してみせた。

大切なマスクを失った直後の控室。誰も声さえかけられない空気が漂っていた

ナーの家族、スタッフ3人、そして僕だけだった。

控室の中では、息子のイホ・デ・ドクトル・ワグナー・ジュニアが一番ナーバスになっていた。無理もない、これから父親のマスクがかかった重要な一戦が行われるのだ。

ついに試合が始まる。超満員の観客の前で、ワグナーはサイコ・クラウンに敗れ、父親から受け継いだマスクを失った。

試合後の控室、素顔になったワグナーを撮影しようと、AAAのオフィシャルカメラマンがやってきた。しかし、ワグナーは撮影を許さなかった。コスチュームを着替え、帰り支度を整えた時、僕がカメラを向けるとワグナーは素顔の写真を撮らせてくれた。

「ノボル、オレの大切な瞬間に立ち会ってくれてありがとう」

僕に素顔の写真を撮らせると、ワグナーはそう言ってくれた。

だが、礼を言うのは僕の方だ。

二度とないであろうこの大舞台。ワグナーの口添えがあって、僕はリングサイドだけでなく、控室にまで入らせてもらった。ワグナーの大切な瞬間に〝ここにいる〟ことができたのだ。

僕は感謝の思いを噛み締めながら、素顔のワグナーの最初の写真を撮ったのだった。

ミスティコ

Mistico

人見知りのスーパースター

デビューして数年で、大ブームが到来。スナック菓子や清涼飲料水、Tシャツ、フィギュアなど、街には彼をモチーフにしたグッズが溢れかえり、週末になると3、4試合を掛け持ちする。2008年の北京オリンピックの特番ではレポーターに抜擢されるなど、過去に類を見ない〝ルチャ・バブル〟を巻き起こした。

そのルチャドールの名前は、ミスティコ。〝神の子〟と呼ばれるレスラーだ。

初めての出会いは2003年の秋。メキシコからの帰りの飛行機で、たまたまアトランティスと一緒になった。みちのくプロレスに参戦するとのことだったが、近くに大人しい青年がいた。それが当時21歳のミスティコだった。新幹線キャラのこまちとして参戦するために、日本行きの飛行機に乗っていたのだ。

【ミスティコ】 1982年12月22日生まれ。メキシコ・メキシコシティ出身。1988年デビュー。2006年にCMLLでミスティコに変身し、大ブームを巻き起こす。WWE移籍などを経て、CMLLに復帰。2021年8月より再びミスティコの名で活躍している。

僕が彼との〝縁〟を感じたのは、2004年6月18日。偶然、アレナ・メヒコで行われたミスティコとしてのデビュー戦に居合わせたことだった。試合前、神父ルチャドールとして知られるフライ・トルメンタによる命名式が行われるなど破格の初陣で、「この選手は凄いことになるかもしれない」と僕はリングサイドでシャッターを切っていた。しかし、それにしてもあれだけの短期間で国民的なスーパースターになるとは予想していなかった。

当時はルチャドールにとって、日本で活躍することはスターへの近道だった。僕が新日本プロレスの撮影を数多くこなしていることを知ると、多くのルチャドールが売り込みにきた。といっても、僕にできるのは『週刊ゴング』を通じてその選手の活躍を紹介する程度。それでもラ・ソンブラのようにわざわざホテルまで訪ねてくる選手もたくさんいた。デビュー戦の試合前に、ミスティコも僕に新日本プロレス行きをアピールしてきたひとり。でも、彼は直接希望を言わず、僕がポーズ写真を撮る時に、さりげなく新日のライオンマークのTシャツを着てきたりする。それくらいシャイで奥ゆかしい性格だった。

スターの階段を駆け上がる

ミスティコに変身後、メキシコでの活躍には凄まじいものがあった。

2004年6月18日、アレナメヒコでのデビュー戦前には、
フライトルメンタ立ち会いのもと、神聖な儀式が執り行われた

週末には1日に3試合をこなすのもザラで、試合後は抜け殻のような状態になり、『あしたのジョー』の矢吹丈が燃え尽きたように、試合後は控室で椅子に座ったまま1時間以上動けなかったこともあった。

それでも、時間をつくって、彼の出身地のメキシコで最も危険な地域といわれているテピート地区を案内してくれたり、家族を紹介してくれたり、食事に招いてくれたりと、スターになってもその関係が変わることはなかった。

メキシコでの活躍が『週刊ゴング』で報じられるようになると、日本でもミスティコの来日を求める声が高まってきた。

ミスティコとしての待望の初来日は、2009年1月4日の新日本プロレスの東京ドーム大会。ただ、この時はすべてが綱渡りだった。飛行機の乗り継ぎ問題などもあり、会場に到着したのは試合開始ギリギリだった。

来日第一戦はミスティコがアポロ55（田口隆祐、プリンス・デヴィット）と組んで、メキシコでの最大ライバルであるアベルノ、そして邪道&外道との対戦。この試合は第1試合にラインナップされていたが、メキシコでは連日メインイベントで闘っていたため「なんで、俺が?」という気持ちが少なからずあったようだ。「東京ドーム大会の第1試合は、とても重要視されているんだ」、「だからこそ期待の表れなんだよ」と説明し、なんとか納得させ、待望の初来日

ミスティコとしての初来日第一戦は、2009年1月4日東京ドーム

最大のライバル、アベルノに〝伝家の宝刀〟ラ・ミスティカで勝利

が実現した。

東京ドームの試合後には、ＩＷＧＰジュニアヘビー級チャンピオンのタイガーマスクに挑戦を表明。同年8月15日、両国大会でタイガーマスクを倒し、第57代ＩＷＧＰジュニアヘビー級チャンオンとなった。

運命のWWE入り

２０１１年初頭、この年から新日本プロレスでは、いまでは新年恒例となったルチャリブレの祭典『ファンタスティカマニア』が開催されるようになった。ミスティコも来日し、最終日のメインを締める大役を果たした。

この大会の少し前からだろうか。「どうやらミスティコがＷＷＥに行くらしい」という噂が業界内に流れた。それが事実であると僕が知ったのは、来日後、彼の東京のホテルの部屋を訪ねた時だった。彼は黙ってパスポートと航空券を見せてきた。パスポートには、ＷＷＥが発行した書類が添えられていた。

それから1か月後、ミスティコはＷＷＥと契約を結び、シン・カラというリングネームになった。問題はミスティコがファンタスティカマニア終了後、参戦メンバーとともに日本から

ふわっとした無重力感のある飛び技で、常にファンの心を掴む

メキシコに戻らず、成田空港からＷＷＥが用意した航空券でアメリカへ行ってしまったことだった。当然、ＣＭＬＬ内で大騒ぎになり、関係者から「大川さんはミスティコがＷＷＥに行くことを知っていたんですか？」と確認の連絡まであり、その後の僕の立ち位置は完全に変わってしまった。もちろん僕は彼が来日してから初めてＷＷＥ行きの事実を知ったわけで、ただのカメラマンにそんな力があるわけがない。

ＷＷＥ離脱後は、メキシコに戻り、いくつかのリングネームを経てＣＭＬＬに復帰。そこでカリスティコと名乗るようになってからは、かつての輝きを取り戻した。そして２０２１年8月には、二代目ミスティコがＣＭＬＬから離脱したため、カリスティコは10年越しに再びミスティコを名乗ることになった。

ミスティコに戻ることは、かねてから本人が希望していたことで、僕もそのニュースを知った時は感慨深かった。いろいろなことに巻き込まれはしたが、ここ14、5年、僕がメキシコへ行く原動力になっていたのは、間違いなく彼だった。ミスティコの歴史とともに、僕のメキシコの歴史もある。

ＣＭＬＬが創造したルチャリブレ史上最高のキャラクター・ミスティコ。

やっぱり〝神の子〟には、アレナ・メヒコがよく似合う。

ドラゴン・リー

Dragon Lee

ミスティコの次代を担う逸材

ミスティコがWWEに移籍したのを見届けた僕は、心のどこかで〝これから〟の若い世代の選手と何かを共有していくことは、これが最後になるのではないかと思っていた。ミスティコはCMLLが生んだ最高傑作。彼を超えるレスラーにはそう簡単に巡り会えないと思っていたからだ。しかし、そんな僕の考えを覆す選手に遭遇する。それがムニョス家の三男坊、ドラゴン・リーだった。

来日当初は、正直ノーマークだったこともあり、僕の方から少し距離を置いていた部分もあった。しかし、2016年1月24日後楽園ホールのファンタスティカマニア最終戦で認識が変わる。ドラゴン・リーは、前日に乱入して挑戦を表明したカマイタチ（現・高橋ヒロム）とCMLL世界ライト級タイトルマッチを急遽行なった。この試合が凄かったのだ。ドラゴン・リーはル

【ドラゴン・リー】 1995年5月15日生まれ。メキシコ・ハリスコ州出身。ルチャドール一家に生まれ、2014年に兄のリングネームを受け継ぎ、二代目のドラゴン・リーとしてデビュー。日本では「リュウ・リー」と名乗っている。

日本での〝名勝負数え歌〟第一戦は2016年1月24日後楽園ホール

チャドールでありながら、完全に新日本のスタイルに適応。激しい攻防を見せ、ただのハイフライヤーではないことを証明した。

それもそのはず、ドラゴン・リーは兄ルーシュらと厳しいトレーニングを積んでおり、鍛え抜かれた上に、アマレスのベースも持っていたのだ。また、三兄弟の中で誰よりも強いハート、ハングリー精神、向上心も持ち合わせていた。それがメキシコ修行から帰国し、これから新日本で成り上がろうとするヒロム選手という同じ気持ちを持つ相手とスイングした。2人の試合からは〝すべてをひっくり返してやろう〟という気持ちが伝わり、〝運命〟の戦いに立ち会えた気分だった。

誰かがチャンスを掴み、それをきっかけに成り上がっていく。プロレスにはそういう出世試合がある。僕はリングサイドでこの試合を見て、「ドラゴン・リーは無視できない存在になる」と強く感じていた。

試練を乗り越えて強くなる

その試合以降、僕は少しずつドラゴン・リーと関係を深めていった。

プライドの高いイメージがあるかもしれないが、素顔のドラゴン・リーはとても素直な青年だ。僕とは実の親子ほど年が離れている（実際、彼らの父、ベスティア・デル・リングはほぼ同年代）こともあって、僕のアドバイスをいつも真摯に聞いてくれる。その後も順調にキャリアを積み、自分のポジションを切り開いていった。

しかし、そんな時に試練が訪れる。２０１８年7月7日、サンフランシスコでのライバル、高橋ヒロム戦。ドラゴン・リーが繰り出した技で、ヒロム選手が大ケガを負い、1年以上の長期欠場に追い込まれてしまったのだ。試合の直後、関係者から僕のもとにも連絡があったが、軽々しく本人に連絡できるような状況ではない。まずはヒロム選手が大事に至らないことを祈り、しばらく様子を見てから「大丈夫か？」と彼に短いメッセージを送った。

ドラゴン・リーはかなり強いショックを受けていて、「もうプロレスを辞めたい」というメッ

2018年のファンタスティカマニアでは、三兄弟揃っての来日が実現

セージを返してきた。お互い覚悟をしてリングに上がっている。それでもアクシデントは起こるのだ。

ヒロム選手は1年5か月後にケガから復帰。2020年2月9日の大阪城ホール大会で2人の一騎打ちがIWGPジュニアヘビー級選手権として再び実現する。2人は今までの対決を超える凄い戦いを見せ、あの日のアクシデントを2人で乗り越えることに成功し、永遠のライバルストーリーを再開させた。

MSGの夢舞台

ドラゴン・リーとの思い出で一番強く残っているのが、新日本プロレスのマジソン・スクエア・ガーデン（以下、MSG）大会だ。

ＭＳＧは僕ら世代のプロレスファンにとっては、憧れの聖地。数々の名勝負が行われた、まさにプロレスの殿堂だ。そこに新日本プロレスが進出すると聞いて、僕は密かにニューヨーク行きを決めていた。

２０１９年4月7日。記念すべきこの日、僕は幸運にもカメラマンとしてＭＳＧのリングサイドにいた。ＲＯＨの女子王座戦に出場する、スターダムの岩谷麻優選手の計らいでオールアクセスのプレスパスがもらえたからだ。

憧れの聖地ＭＳＧ、プロレスを撮影する者にとってこれ以上の場所はない。そして嬉しいことに、ドラゴン・リーが僕の目の前で、悲願のＩＷＧＰジュニアのベルトを巻いてくれた。その姿を見た時に、プロレスカメラマンとしてこれで満足だと思えた。『週刊ファイト』でプロレスカメラマンをはじめてから30年。『週刊ゴング』や『別冊ゴング』、『Ｇリング』、そして媒体をなくしてもプロレスカメラマンであり続けようとしてきた。でも、それも今日までで構わない。そう思えるほど、僕の中ですっきりと区切りをつけられた。プロレスカメラマンとしての自分を成仏させることができたのだ。

僕にとってマジソン・スクエア・ガーデン、そしてその場所にドラゴン・リーがいたということは一生忘れることはないだろう。僕の人生においても特別な思い出だ。

遂に憧れの IWGP ジュニアのベルトを腰に巻いたドラコン・リー

我が思い出の ルチャリブレ写真館

休暇のたびにメキシコに渡り、ルチャリブレの写真を撮ってきたという本書の著者・大川昇。ここではページの都合上、本文で掲載することがかなわなかったた懐かしのルチャリブレの写真を一挙にご紹介しよう。

ロス・カデテス・デル・エスパシオ

ピエロ軍団、ロス・パヤソス

カネックファミリーのトーテムポール

ブラックタイガーⅢとピエロー・ジュニア

〝数学仮面〟マテマティコの自宅のカウンターバーは、数学仮面仕様。
カウンターの奥の壁には、懐かしいユニバーサルのポスターも。

イホ・デル・サントの豪邸にはマスカラ戦で獲得した戦利品のマスクが多数…

テオティワカンの太陽のピラミッドをバックに〝太陽仮面〟ソラール

〝亀忍者〟トルトギージョ・カラテカス

エル・ファルコン、エル・ハルコン、
ソラールのレジェンドトリオ

仲が良い三兄弟のロス・ビジャノスには様々なスリーショット用のポーズがある

ウルティモ・ゲレーロと棚橋弘至

〝ミステル・ペルフェクト〟ラ・ソンブラ

ソラールの自宅にある〝Tienda Solar〟マスク部屋

タルサン・ボーイ

アレナ・コリセオではリラックスしたルチャを堪能

初代ミステリオッソ

神秘的な入場のラ・ソンブラ

〝親分、ウルティモ・ゲレーロ

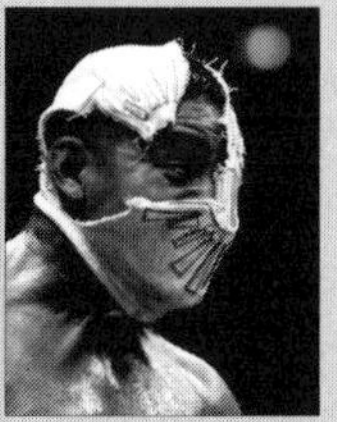

激しく、楽しく、そして華麗なのがルチャリブレ。その中心が〝神の子〟ミスティコなのだ。

アレナメヒコ史上、最高のルチャドール〝神の子〟ミスティコ

おわりに

プロレス業界に入った頃の夢は、50歳ぐらいになってプロレスカメラマンとして一線を退いたら、プロレスショップを経営することだった。

信じてもらうのは難しいと思うけど、利益を追求した感覚はない。〝縁〟があった選手のお手伝いをして、楽しいこと、かっこいいこと、可愛いことを一緒に追求していたら、彼ら、彼女らが、スターになっていく様子を間近で見届けることができた。

50を過ぎた僕にとっては、これが生きていく上で最大の喜びとなった。これからも僕がプロレス業界で34年間経験してきたことを、少しでも僕と〝縁〟のあったこの業界の若者たちの足しにしていただけたら嬉しく思います。

どん底の2年間。「週刊ゴング」が、事実上廃刊となったという事実により、僕たちが後ろ盾を失ったということを、後に嫌というほど味うこととなった。僕は何度も、ああこれが手のひら返しなんだなと納得した。

僕が（株）Gプロを立ち上げることが出版社からの条件で、第3号目からの『Gリング』（週刊ゴングの後継誌）は僕の責任で出版を継続していくことになった。しかし、この頃、電話が鳴ると、団体からのクレーム、記者からの不満……僕は人間不信になり、その上、毎月赤字は膨らみ続けた。あ〜、血管が切れるかもなあ、そんなことを考えるような日々だった。

そんな状態の頃、新日本プロレスの菅林会長に「大川さんは面白い人生歩んでいますね」と言っていただいたことがある。僕は人生のどん底にいるのに、そう感じてくれる方がいるんだと。その言葉がその後の僕の人生の支えになった。

その後、オリエンタルプラントサービス（株）の山口進一社長と出会い、レジェンド興行「ＦＩＥＳＴＡ」シリーズを手掛け、マスカラスさんが頻繁に来日してくださったことで、僕は人生のどん底から抜けだすきっかけをつかむことができた。実際に、この状況を乗り越え、過去を冷静に振り返れるようになるまでには、10年以上の月日を要した。

「ファンは今日満足したか？」マスカラスさんに試合後必ず聞かれたこと。日本のファンを誰よりも大切にしてきたからこそ、日々の生活のすべてを〝ミル・マスカラス〟であり続けるために費やしている。その姿を間近で見ることができた。

ある日、マスカラスさんに「お前には特別なことをしている」と言われた。今振り返れば、特別すぎる思い出の数々。このご恩は、この〝縁〟が続く限り、返し続けなければならない。

今回、本書を企画してくれたおふたりも僕の人生を面白がってくれた２人だった。

構成担当の入江君は、17年前、彼が「メキシコへ行きたい！」というので「メキシコの空港まで一人で来たら滞在中は面倒みるよ」というと、彼は本当にメキシコ空港まできてしまった。たった4、5日の滞在でマスカラスさんのメキシコでの試合を観戦できた幸運の持ち主。僕の写真集『ルチャの狂気・覆面の孤独』も彼のプロデュースだった。

ご子息のトモ君は、学校で将来何になりたいか聞かれ、「大川さんになりたい！」と言ってくれたという。子供の目には、大好きなマスクに囲まれて、スターと仲が良く、年中海外旅行へ行ってる楽しそうなおじさんに見えてるらしい。

もう一人、彩図社の編集者、権田さん。

もうこの方の人柄なしに、本書の実現はなかった。大人になると、人のことを褒める機会はあっても、自分が褒められることは滅多にない。それが、僕の話を聞きながら、何度も何度も、僕を褒めてくれたのだ。それも嘘っぽくない。

そんな権田さんに数年前、彩図社発行の紫雷イオ、ロッシー小川、岩谷麻優の自伝をお手伝いする中で「将来的には大川さんの書籍も出したいですね」と言われた。その時、僕は写真集ならともかく、書籍なんてありえないし、社内の企画会議で通るわけがないと思っていた。

数年後「企画が通りました！」と。そして「あったかい……本にしましょう！」と言ってくれたのだ。この瞬間、僕はとてつもない重圧の責任を負うことになったが、決まったからには全力を尽くすしかない！　そんな気持ちで本書の作業と数か月間向かい合ってきた。

子供の頃から、野球とプロレスの二刀流。高校球児の頃は、野球部の練習が終わると自転車を飛ばして最寄駅へ、そこから蔵前駅まで1時間強、セミファイナルが始まる頃、蔵前国技館に到着する。そんなタフなプロレスファンだった。

そんなプロレスファンだった僕が『週刊ファイト』へ就職して、プロレス業界で34年。プロレス業界の大スターのおふたり、藤波辰爾さんと小橋建太さんと本書の中で、対談をさせていただいた奇跡。本当に〝感謝〟しかない。

ここ数年、僕が生きてきた人生を面白いと感じてくれる人たちに囲まれ、心地よい時間を過ごす機会が増えてきた。僕の人生が面白かったかどうかは、僕の周りの人たちが決めてくれる。

誰よりもプロレスファンで、外国人レスラーへの憧れが強かった僕が、カメラ片手に、「そこに居られること」。

こんなに面白い人生を歩んでこれた奇跡を、本書を手にとっていただいたプロレスファンの方々に面白がっていただけたらこの上ない幸せです。

〝感謝〟

２０２１年11月　大川昇

著者紹介

大川昇（おおかわ・のぼる）

1967年、東京都出身。東京写真専門学校を中退し、『週刊ファイト』へ入社。その後、『週刊ゴング』写真部で8年間、カメラマンとして活動。1997年10月よりフリーとなり、国内のプロレスだけでなく、年に3、4度はメキシコへ行き、ルチャリブレを20年間撮り続けてきた。現在、東京・水道橋にてプロレスマスクの専門店「DEPO MART」を経営。

構成協力：入江孝幸
取材協力：PRO-WRESTLING DRADITION
株式会社 Fortune KK
対談撮影：高澤梨緒

レジェンド

プロレスカメラマンが撮った
80～90年代外国人レスラーの素顔

2021年11月24日　第1刷
2021年11月25日　第2刷

著　者　大川昇

発行人　山田有司

発行所　株式会社　彩図社
東京都豊島区南大塚 3-24-4
MTビル　〒170-0005
TEL：03-5985-8213　FAX：03-5985-8224

印刷所　シナノ印刷株式会社

URL https://www.saiz.co.jp　Twitter https://twitter.com/saiz_sha

ISBN978-4-8013-0558-8 C0095